ACCESO GRATIS *a la Lectura en la Nube*

Para visualizar el libro electrónico en la nube de lectura envíe junto a su nombre y apellidos una fotografía del código de barras situado en la contraportada del libro y otra del ticket de compra a la dirección:

AF275942

ebooktirant@tirant.com

En un máximo de 72 horas laborables le enviaremos el código de acceso con sus instrucciones.

Debate y flujo comunicativo de las enfermedades raras en las redes sociales

Sebastián Sánchez Castillo
Director

DEBATE Y FLUJO COMUNICATIVO DE LAS ENFERMEDADES RARAS EN LAS REDES SOCIALES

tirant humanidades
Valencia, 2025

© Varios autores y autoras

© TIRANT HUMANIDADES
EDITA: TIRANT HUMANIDADES
C/ Artes Gráficas, 14 - 46010 - Valencia
TELFS.: 96/361 00 48 - 50
FAX: 96/369 41 51
Email: *tlb@tirant.com*
www.tirant.com
Librería virtual: *www.tirant.es*
DEPÓSITO LEGAL: V-358-2025
ISBN: 978-84-1081-012-9

Si tiene alguna queja o sugerencia, envíenos un mail a: *atencioncliente@tirant.com*. En caso de no ser
atendida su sugerencia, por favor, lea en *www.tirant.net/index.php/empresa/politicas-de-empresa* nuestro
Procedimiento de quejas.

Responsabilidad Social Corporativa:
http://www.tirant.net/Docs/RSCTirant.pdf

Índice

Introducción.
Redes sociales y enfermedades raras.
Un acercamiento multidisciplinar

Sebastián Sánchez Castillo
Director del Grupo de Investigación "Enfermedades Raras y Comunicación RED_ER (GIUV-614) Universitat de València"

Eulalia Alonso Iglesias
Universitat de València

Capítulo I.
La presencia de las enfermedades raras en las redes sociales.
Primeras evidencias científicas

Tomás Baviera
Universitat Politècnica de València

Capítulo II.
"Estamos muy expuestos". El discurso valorativo sobre las redes sociales en un grupo de discusión relacionado con las enfermedades poco frecuentes

Antonio M. Bañón Hernández
Universidad de Almería, CySOC

Eman Mhanna Mhanna
Universidad de Sevilla

Capítulo III.
Redes sociales, capital social y enfermedades raras. El diseño persuasivo del contenido testimonial

Victoria Tur-Viñes
Universidad de Alicante

Capítulo IV.
Entre el tiempo real y la realidad del tiempo:
La aportación de las redes sociales al avance
de la Investigación en enfermedades raras 107

Pilar Codoñer-Franch
Departamento de Pediatría Obstetricia Ginecología, Facultad de Medicina, Universitat de València

Patricia Ferrús-Manzano
Departamento de Bioquímica Biología Molecular, Facultad de Medicina, Universitat de València

Eulalia Alonso-Iglesias
Departamento de Bioquímica Biología Molecular, Facultad de Medicina, Universitat de València

Capítulo VII.
Si eres médico o científico, los afectados con enfermedades raras te buscan en las redes sociales. ¡Tienen dudas! 187

Josep Solves Almela
Universidad Cardenal Herrera CEU, CEU Universities

Sebastián Sánchez Castillo
Director del Grupo de Investigación "Enfermedades Raras y Comunicación RED_ER (GIUV-614) Universitat de València"

Introducción.
Redes sociales y enfermedades raras.
Un acercamiento multidisciplinar

Sebastián Sánchez Castillo
Director del Grupo de Investigación "Enfermedades Raras y Comunicación RED_ER (GIUV-614) Universitat de València"

Eulalia Alonso Iglesias
Universitat de València

Las enfermedades raras o minoritarias son, en general, un conjunto de enfermedades crónicas muy diversas que se caracterizan por afectar a menos de 5 de cada 10000 habitantes y por presentar una elevada morbilidad y mortalidad precoz. Se manifiestan principalmente en la edad pediátrica y afectan al desarrollo durante toda la vida, por ello los pediatras están directamente implicados en el diagnóstico inicial y en el seguimiento de estos pacientes. El 80 % de las ER son de origen genético y aproximadamente un 30% de los niños con enfermedades raras fallecen antes de llegar a los 5 años, que es la media de tiempo que se tarda en llegar a un diagnóstico y poder establecer un tratamiento en uno de cada cinco afectados. Durante el resto de la vida, es el médico de familia el más directamente implicado en la detección de estas enfermedades raras y en el seguimiento habitual de estos pacientes.

El diagnóstico de una enfermedad rara suele ser difícil. En primer lugar, por la expresividad clínica compleja de ellas, pero también hay que tener en cuenta la falta de formación en estas enfermedades, lo que origina un desconocimiento de la enfermedad por el médico y falta de información sobre la enfermedad misma, así como de qué herramientas diagnósticas dispone, y dónde puede obtener ayuda. En cuanto a la asistencia sanitaria, estas patologías presentan ciertas singularidades, como son la necesidad de una atención multidisciplinar e integradora y unos servicios bien definidos y específicos entre la atención primaria y una atención especializada de proximidad en centros de referencia en red.

Las enfermedades raras se caracterizan además de por su cronicidad, por generar un grado importante de discapacidad y/o dependencia. Por ello, es importante que el cuidado de estos pacientes no se centre únicamente en las complicaciones médicas, sino que se tenga en cuenta el aspecto social, psicológico, escolar/laboral y económico. También, la conexión entre los diversos servicios sociosanitarios de proximidad al paciente debe contemplar la diversidad de las enfermedades y la dispersión geográfica, urbana y rural. El alto grado de discapacidad o dependencia y su curso crónico, ocasionan un deterioro de la calidad de vida de los afectados, y sus familias que deben recibir el soporte multidisciplinar adecuado desde diversas perspectivas sociales.

Las redes sociales juegan un papel crucial en la difusión de información sobre estas enfermedades, muy beneficioso, aunque en ocasiones perjudicial. Es necesario tratarlas desde un enfoque multidisciplinar; desde la salud pública, la epidemiología, la comunicación, la lingüística, la psicología y la tecnología. Plataformas como Facebook, Instagram o X permiten la rápida diseminación de consejos de salud y acercamiento entre afectados y sus familias. Proporcionan un espacio para la conexión y el apoyo entre personas con condiciones poco comunes, creando comunidades globales que de otro modo no podrían formarse. A través de grupos y foros, los pacientes y sus familias pueden compartir experiencias, consejos y recursos médicos. También facilitan la difusión de información actualizada sobre tratamientos, ensayos clínicos y avances científicos. Posibilitan la visibilización de estas patologías, sensibilizando al público y promoviendo la obtención de fondos para investigaciones. Finalmente, ofrecen un espacio para la creación de redes de apoyo con profesionales médicos e investigadores.

En todo este proceso comunicativo interviene muchos actores, unos privilegiados y otros con limitada influencia en el discurso; médicos, investigadores, asociaciones, fundaciones, instituciones públicas y privadas, y por supuesto afectados y su entorno familiar. Analizar el discurso de estos actores en las redes sociales ofrece posibilidades de gran interés para evaluar las corrientes de opinión difundidas y las necesidades sociosanitarias de este colectivo.

El Proyecto de I+D *"Identificación de las necesidades sociosanitarias de pacientes con enfermedades raras: procesamiento del flujo comunicativo en redes sociales"*, financiado por la Conselleria de Educación, Universidades y Empleo de la Generalitat Valenciana, España (CIAICO/2022/188), pretende arrojar luz antes estos desafíos. En concreto, persigue los siguientes objetivos:

1. Determinar en términos cuantitativos el flujo de información de las personas afectadas por las patologías consideradas, en las redes sociales Facebook, X e Instagram. Establecer correlaciones entre el número de personas afectadas según los registros sanitarios y el número de perfiles activos. Establecer un índice real de presencia de estas personas en las redes sociales.

2. Geolocalizar tanto los flujos de información, actores y criterios argumentativos, con el fin de establecer un mapa nacional de la actividad de los afectados y sus familias. Posibilidad de correlacionar datos con las políticas sanitarias en las distintas CC. AA y búsqueda de diferencias asistenciales.

3. Analizar quiénes son los actores principales del flujo comunicativo activo; afectados, familiares, sanitarios, científicos, actores sociales, etc. Evaluar de forma específica al colectivo de mujeres como principales afectadas.

4. Desarrollar una red de interacciones en la red (visualización del grado de autoridad (*eigenvector*), para conocer la influencia que adquiere un perfil de una red, además de contabilizar el número de conexiones de un perfil (grado de centralidad), conocer las posiciones más favorables y su grado de cercanía. Por último, conocer los datos sobre el grado de intermediación (*betweenness centrality*), grado de cercanía (*closeness centrality*) y el prestigio o vector propio (*eigen-*

vector centrality), un grupo de métricas capaces de medir la importancia de los nodos en una red. Mapear o distribuir espacialmente los datos reales de la actividad comunicativa en redes sociales.

5. Definir si los contenidos publicados siguen algún patrón común que trascienda distintos ámbitos sanitarios o médicos. En su caso, perfilar las características de dicho patrón.

6. Establecer si esos contenidos evocan ciertos criterios de sentimientos; es decir descubrir que contenidos son argumentados bajo criterios de emotividad. También, a través de una codificación inicial, determinada y acotada entre los miembros del equipo de investigación (comunicadores, lingüistas, médicos, biólogos, estadísticos y epidemiólogos) y descubrir sus criterios de polaridad.

7. Extraer conclusiones sobre las necesidades sociosanitarias y actividades de denuncia de los afectados. Temas más preocupantes y cuestiones más relevantes. Correlación de datos y análisis de regresión.

8. Consolidar, como modelo de análisis específico y de reflexión teórica, un marco teórico traslacional que permita explicar las necesidades de las personas afectadas y optimizar la orientación de nuevas respuestas desde las administraciones públicas.

En este libro, el equipo de investigación del proyecto adelanta los primeros hallazgos y despliega cuestiones e hipótesis en torno a las enfermedades raras y las redes sociales hasta ahora no abordadas, manteniendo el necesario carácter multidisciplinar e interdisciplinar que este tipo de investigaciones requiere.

En el primer capítulo, *"La presencia de las enfermedades raras en las redes sociales. Primeras evidencias científicas"* se presenta la metodología empleada para el análisis de los datos y los primeros resultados consistentes. Se enumeran las 30 patologías sobre las que se basa el estudio y se despliega el proceso metodológico basado en el Procesamiento de Lenguaje Natural sobre las descargas obtenidas de las redes sociales teniendo en cuenta las categorías de clasificación de los usuarios identificados. Se trata de una primera aproximación cuantitativa sobre la ingente cantidad de datos obtenidos en Instagram, X y Facebook.

En el segundo capítulo, *"Estamos muy expuestos. El discurso valorativo sobre las redes sociales en un grupo de discusión relacionado con las enfermedades poco frecuentes",* el profesor Antonio M. Bañón y la profesora Eman Mhanna analizan en profundidad los resultados del grupo de discusión realizado el 15 de diciembre de 2023 al que asistieron representantes de asociaciones de enfermedades raras, investigadores y académicos, y del que se obtuvieron conclusiones muy significativas respecto del uso de las redes sociales por parte de estos colectivos.

Aceptando que el discurso testimonial mantiene una gran carga emocional y poder de adhesión, la profesora Victoria Tur-Viñes descubre en su capítulo *"Redes sociales, capital social y enfermedades raras. El diseño persuasivo del contenido testimonial",* un imprescindible, novedoso y específico modo de hablar sobre la enfermedad, marcado por la narrativa testimonial, que permite desvelar aspectos antes invisibilizados por los medios tradicionales.

En el capítulo, *"Entre el tiempo real y la realidad del tiempo: La aportación de las redes sociales al avance de la Investigación en enfermedades raras",* las profesoras de la facultad de medicina de la Universitat de València, Pilar Codoñer-Franch y Eulalia Alonso-Iglesias, y la doctoranda Patricia Ferrús-Manzano abordan desde el punto de vista investigador, médico y asistencial la importancia de las redes sociales. Según las autoras, las redes sociales representan una oportunidad para la investigación en este tipo de enfermedades, una Investigación traslacional, colaborativa y bidireccional de la que se beneficien pacientes e investigadores y que, particularmente, ayude a reducir la brecha temporal entre los avances de la Investigación y su traslado a las necesidades reales de la población afecta por estas patologías.

Desde la Fundación para el Fomento de la Investigación Sanitaria y Biomédica de la Comunitat Valenciana (Fisabio), las investigadoras Lucía Páramo-Rodríguez, Carmen Martos Jiménez y Clara Cavero Carbonell abordan la participación activa de los pacientes en *"Ciencia ciudadana en la investigación en enfermedades raras".* Las autoras mantienen la idea de que la ciencia ciudadana es un compromiso entre la ciudadanía (público general) y la comunidad científica, para crear y contribuir a la generación de conocimiento eficiente, eficaz y accesible mediante la participación conjunta y activa de ambos colectivos con la finalidad de promover una ciencia inclusiva, más justa y equitativa a través de la colaboración real y conjunta que permita desarrollar nuevos conocimientos.

Miguel Bañón Fernández, doctorando de la Universitat de València, en su capítulo *"Comunicación digital y discapacidad. Aproximación a un tema de especial relevancia social"* introduce los procesos comunicativos que se desarrollan en las personas con discapacidad a través de la comunicación digital. Desde el asociacionismo a las utilidades y aplicaciones reales de la comunicación digital, el texto señala que la accesibilidad del entorno digital no es un concepto uniforme y que cada persona puede necesitar unas características individualizadas. Dicha personalización consiste en ajustar la experiencia del usuario a fin de cubrir las necesidades y preferencias individuales.

El último capítulo, *"Si eres médico o científico, los afectados con enfermedades raras te buscan en las redes sociales. ¡Tienen dudas!"*, los profesores Josep Solves y Sebastián Sánchez-Castillo analizan el uso de las redes sociales por parte de la comunidad médica y científica, sus consideraciones éticas y legales, así como recomendaciones y mejoras prácticas.

La presencia de las enfermedades raras en las redes sociales. Primeras evidencias científicas

Tomás Baviera
Universitat Politècnica de València

1. INTRODUCCIÓN

Las enfermedades raras son un conjunto de patologías crónicas muy diversas que se caracterizan por afectar a menos de 5 pacientes por cada 10.000 habitantes y por presentar una elevada mortalidad precoz[1]. Estas enfermedades se manifiestan principalmente en la edad pediátrica y afectan al desarrollo humano durante toda la vida. Dada su escasa prevalencia, las personas afectadas se encuentran más desprotegidas por el sistema sanitario, dado que no siempre resulta posible atender debidamente a este tipo de pacientes. Pero también estas personas se encuentran con dificultades en el ámbito de la imagen pública. La escasa información y los discursos estereotipados contribuyen en no poca medida a agravar la situación de los pacientes y también de sus familiares y cuidadores[2].

---

1.   *Vid.* FERREIRA, C. R., "The burden of rare diseases", *American Journal of Medical Genetics*, 179, 2019, 885-892.

2.   *Vid.* SÁNCHEZ-CASTILLO, S., "Las enfermedades raras en la prensa española: una aproximación empírica desde la teoría del *Framing*", Ámbitos Revista Internacional de Comunicación, 22, 2013, 1-18. BAÑÓN HERNÁNDEZ, A. M., y SOLVES ALMELA, J. A., "El debate sobre las enfermedades poco frecuentes: una mirada a través de los medios de comunicación", *Mètode: Revista de difusión de la Investigación*, 88, 2016, 62-67.

Las redes sociales han proporcionado un canal de comunicación pública abierto para cualquier usuario. Ciertamente su alcance no es comparable con el impacto de un medio de comunicación de masas, pero su creciente uso entre las generaciones más jóvenes y la difusión viral de sus contenidos proporcionan oportunidades para compartir una realidad que no deja de ser "poco conocida" o "singular" para una gran mayoría de personas.

Ha habido estudios que han tratado la presencia de las enfermedades raras en diversas redes sociales. En este sentido, Facebook ha acaparado un gran interés por parte de los investigadores por tratarse de la red con mayor número de usuarios[3], así como TikTok por las posibilidades narrativas que ofrece[4]. Una buena parte de los estudios cuantitativos se han centrado en la actividad generada por colectivos, especialmente las asociaciones de pacientes[5].

3. *Vid.* SUBIRATS, L., REGUERA, N., BAÑÓN, A. M., GÓMEZ-ZÚÑIGA, B., MINGUILLÓN, J., y ARMAYONES, M., "Mining Facebook data of people with rare diseases: A content-based and temporal analysis", *International Journal of Environmental Research and Public Health*, 15, 2018, 1877. LOTAN, I., BACON, T., LEVY, M., y KISTER, I., "Harnessing the power of social media to learn about a very rare disorder: survey of Facebook group about paroxysmal symptoms in neuromyelitis optica spectrum disorder", *Neurology*, 94, 2020, 16-36. HAIK, D., KASHANCHI, K., TAJRAN, S., HEILBRONN, C., ANDERSON, C., FRANCIS, D. O., GELBARD, A., y VERMA, S. P., "The Online Support Group as a Community: A Thematic Content Analysis of an Online Support Group for Idiopathic Subglottic Stenosis", *Annals of Otology, Rhinology and Laryngology*, 128, 2019, 293–299.

4. *Vid.* CHEN, Q., MIN, C., ZHANG, W., MA, X. y EVANS, R., "Factors driving citizen engagement with government TikTok accounts during the Covid-19 pandemic: Model development and analysis", *Journal of medical internet research*, 23, 2021, e21463. SÁNCHEZ-CASTILLO, S. y MERCADO SÁEZ, M.T., "Sufro una grave enfermedad rara. Reto a cantar y hacer coreografías en TikTok", *Profesional de la Información*, 30, 2021, 4, 1-17.

5. *Vid.* ESPARCIA, A., VILLAFRANCA, P. L., y CARRETÓN, M. C., "La comunicación en la red de pacientes con enfermedades raras en España", *Revista Latina de Comunicación Social*, 70, 2015, 673-688. ARMAYONES, M., REQUENA,

Sin embargo, las voces en las redes sociales no solo se reducen al nivel institucional. A nivel individual, la variedad de contenido y de discurso es mucho más amplia. Basta pensar en cómo se habla en primera persona por parte de los pacientes, sus familiares o incluso sus cuidadores. El contenido generado por estos perfiles tendría el atractivo de comunicar una vivencia personal, y cabría esperar que el nivel de *engagement* resultaría más intenso. Este flujo comunicativo se encuentra inexplorado, en parte, por la dificultad que entraña localizar estos perfiles individuales, puesto que no se dispone de ningún registro público. Con la intención de estudiar estos procesos comunicativos sobre las enfermedades raras en las redes sociales se creó el Grupo de Investigación Red_ER, formado por profesionales de la medicina y de la comunicación social. Sus actividades se iniciaron con la concesión del proyecto «Identificación de las necesidades sociosanitarias de pacientes con enfermedades raras: procesamiento del flujo comunicativo en redes sociales» (CIAICO/2022/188) por parte de la Generalitat Valenciana en el año 2023.

El presente capítulo sintetiza las primeras evidencias recogidas por parte de este grupo de investigación. El texto tiene un doble objetivo. Por un lado, pretende analizar la presencia de un amplio elenco de enfermedades raras en las redes sociales. Por otro lado, busca identificar los perfiles de usuarios que publican sobre este tipo de enfermedades raras. En síntesis, el capítulo estudia el qué, el quién y el dónde de las enfermedades raras en las redes sociales.

S., GÓMEZ-ZÚÑIGA, B., POUSADA, M., y BAÑÓN, A. M., "The use of Facebook in Spanish associations of rare diseases: how and what is it used for?", *Gaceta Sanitaria*, 29, 2016, 335-340. PÉREZ DASILVA, J., SANTOS DIEZ, M. T. y MESO AYERDI, K., "Las asociaciones de enfermedades raras: Estructura de sus redes e identificación de los líderes de opinión mediante la técnica del análisis de redes sociales", *Revista Latina de Comunicación Social*, 79, 2021, 175-205. TEMPINI, N., "Governing PatientsLikeMe: Information Production and Research Through an Open, Distributed, and Data-Based Social Media Network", *Information Society*, 31, 2015, 193–211.

2. METODOLOGÍA

2.1. Selección de patologías

Las patologías a estudiar se seleccionaron a partir del Registro Estatal de Enfermedades Raras (ReeR) publicado en noviembre de 2022[6]. Este informe documentó 22 enfermedades raras de las que se tienen registros de casos clínicos en 13 comunidades autónomas, entre el 1 de enero de 2010 y el 31 de diciembre de 2019. A este elenco se añadieron 8 patologías que se consideraron relevantes para estudiar su presencia en redes sociales debido a sus niveles de prevalencia. La Tabla 1 recoge la lista de las 30 enfermedades raras seleccionadas para el presente estudio.

Tabla 1. Enfermedades Raras seleccionadas para el estudio.

	Enfermedad Rara	Informe ReeR 2022
ER01	Albinismo	No
ER02	Ataxia de Friedreich	Sí
ER03	Atrofia Muscular Espinal Proximal	Sí
ER04	Complejo Esclerosis Tuberosa	Sí
ER05	Displasia Renal	Sí
ER06	Distrofia Miotónica de Steinert	Sí
ER07	Enfermedad de Fabry	Sí
ER08	Enfermedad de Gaucher	Sí
ER09	Enfermedad de Huntington	Sí
ER10	Enfermedad de Niemann Pick	Sí
ER11	Enfermedad Rendu-Osler	Sí
ER12	Enfermedad de Wilson	Sí
ER13	Esclerodermia	No

6.   MINISTERIO DE SANIDAD, *Informe ReeR 2022: Situación de las Enfermedades Raras en España*, Madrid, 2022.

	Enfermedad Rara	Informe ReeR 2022
ER14	Esclerosis Lateral Amiotrófica	Sí
ER15	Esclerosis Múltiple	No
ER16	Fenilcetonuria	Sí
ER17	Fibrosis Quística	Sí
ER18	Glucogenosis	No
ER19	Hemofilia A	Sí
ER20	Osteogénesis Imperfecta	Sí
ER21	Porfiria	No
ER22	Síndrome de Angelman	Sí
ER23	Síndrome de Beckwith Wiedemann	Sí
ER24	Síndrome de Cushing	No
ER25	Síndrome de Goodpasture	Sí
ER26	Síndrome Idic15	No
ER27	Síndrome de Marfan	Sí
ER28	Síndrome de Prader Willi	Sí
ER29	Síndrome de Rett	No
ER30	Síndrome de X Frágil	Sí

Nota: ReeR: Registro Estatal de Enfermedades Raras.
Fuente: elaboración propia.

2.2. Construcción del corpus

Las redes sociales seleccionadas fueron Facebook, X e Instagram. Estas tres plataformas tienen unos índices altos de penetración entre los usuarios españoles[7].

7.   IAB SPAIN, *Estudio de Redes Sociales 2023*, Madrid, 2023.

La creación del corpus de análisis priorizó la identificación de los usuarios que estuvieran relacionados con las enfermedades raras. El inconveniente de este planteamiento es que no se dispone *a priori* de un listado con los usuarios vinculados con enfermedades raras. Por este motivo el procedimiento para la elaboración del corpus de datos se diseñó en dos fases. La primera consistió en una *escucha,* esto es, se solicitaron a cada una de las redes sociales seleccionadas todos los posts que mencionaran alguna de las enfermedades raras estudiadas y publicados dentro de una ventana de tiempo dada. Este procedimiento de escucha se implementó porque el interfaz de programación de las redes sociales no permite realizar un procedimiento de búsqueda sobre los posts ya publicados en el pasado; tan solo devuelve los posts que se estén publicando en tiempo real y que contengan unos determinados términos de filtrado. Estos términos fueron los 30 nombres de las enfermedades raras tal y como se recogen en la Tabla 1. Además, el estudio se restringió a las publicaciones en castellano. En la segunda fase se descargaron los posts publicados por esos usuarios que habían sido identificados en la fase anterior. En este caso se empleó la técnica de *scrapping.* El periodo de tiempo de los posts descargados abarcó desde el 1 de enero de 2023 hasta el 31 de mayo de 2023.

2.3. Análisis de los datos

El corpus descargado fue analizado de forma cuantitativa. Como apoyo para este análisis, se prepararon dos informaciones complementarias. En primer lugar, se elaboró un diccionario de términos afines a cada una de las enfermedades seleccionadas. Con estas entradas se pretendía identificar los posts que mencionaran una enfermedad concreta, sin necesidad de expresar el nombre de la misma con absoluta precisión. Este diccionario fue realizado por un profesional sanitario experto en enfermedades raras y por un investigador en comunicación social. En segundo lugar, se llevó a cabo una clasificación de los usuarios detectados en función de su relación con las enfermedades raras. A partir de estas herramientas complementarias se procedió a un análisis de carácter descriptivo del corpus obtenido. La Figura 1 muestra la metodología que se ha seguido en la presente investigación.

Figura 1. Procedimiento de análisis del corpus de análisis.

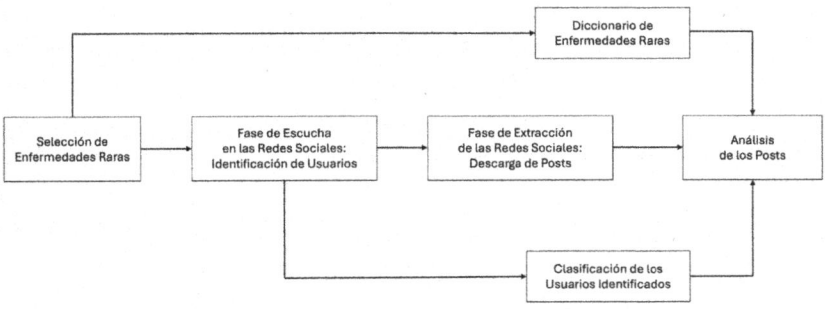

Fuente: elaboración propia.

3. RESULTADOS

3.1. Usuarios identificados

Se establecieron tres ventanas de escucha, una para cada red social. Estas ventanas de tiempo tuvieron lugar entre el mes de noviembre y de diciembre de 2023, y su duración osciló entre 15 y 17 días, según la red social. La elección de este momento vino motivada por la puesta en marcha del proyecto de investigación, que había sido aprobado en el mes de octubre de 2023. Los términos de filtrado fueron los contenidos en cada una de las filas de la Tabla 1. Los periodos de escucha y el número de usuarios identificados que mencionaron alguna de las patologías estudiadas se muestran en la Tabla 2.

Tabla 2. Ventana de escucha y usuarios identificados durante la fase de escucha.

	Inicio	Fin	Usuarios identificados
Facebook	21-nov.-2023	7-dic.-2023	107
X	15-nov.-2023	29-nov.-2023	329
Instagram	12-nov.-2023	26-nov.-2023	268

Fuente: elaboración propia.

3.2. Posts descargados

A partir de los usuarios identificados en cada red social, se procedió a descargar el contenido textual de los posts publicados por cada uno de ellos entre el 1 de enero de 2023 y el 31 de mayo de 2023. Para cada post se consiguió el texto del post y los datos de *engagement* (número de *likes* y número de comentarios). Además, se descargaron los textos y los autores de los comentarios realizados en cada post. La Tabla 3 resume los datos descargados correspondientes al periodo de estudio.

Tabla 3. Resumen de las descargas de publicaciones entre enero y mayo de 2023.

	Facebook	X	Instagram
Usuarios detectados en noviembre de 2023	107	329	268
Usuarios detectados que publicaron posts en el periodo de estudio (enero-mayo de 2023)	60	296	214
Número de posts descargados (enero-mayo de 2023)	12.892	84.339	29.321
Comentarios a los posts descargados	35.317	80.231	270.503

Nota: El número de usuarios detectados y de usuarios con posts difiere porque los usuarios fueron identificados fuera del periodo de descarga. La diferencia corresponde a aquellos usuarios que publicaron al menos un post que contenía alguno de los términos de búsqueda durante la "ventana de escucha" y además que no publicaron nada entre enero y mayo del 2023.

Fuente: elaboración propia.

3.3. Clasificación de los usuarios

Como en este trabajo se pretendía realizar una exploración de las publicaciones en redes sociales sobre enfermedades raras, la clasificación de los usuarios siguió un planteamiento inductivo. Se distinguieron dos niveles de clasificación. En un primer nivel, se clasificó cada usuario según cuatro categorías: Medio de comunicación, Institución, Usuario y

Usuario profesional. A nivel institucional, se distinguió entre los medios de comunicación y el resto de las instituciones por tener el primero un fuerte impacto en la comunicación social. A nivel individual se decidió separar los usuarios de los usuarios profesionales, puesto que esta última categoría tendría un comportamiento e intereses diferentes.

Dentro de cada una de estas categorías, se concretaron una serie de subcategorías que permitían un conocimiento más detallado del usuario. Algunas de estas subcategorías son, por ejemplo, Asociación de profesionales, Asociación de pacientes y Empresas de servicios médicos en el caso de la categoría Institución, y Perfil personal paciente o Anónimo en el caso de la categoría Usuario. La Tabla 4 muestra todas las categorías y subcategorías que conformaron el libro de códigos.

Tabla 4. Categorías de clasificación de los usuarios identificados.

CATEGORÍA	Subcategoría
MEDIO DE COMUNICACIÓN	Genérico
	Científico
	Especializado en salud y bienestar
	Especializado en enfermedades raras
INSTITUCIÓN	Farmacéutica
	Asociación
	Asociación de profesionales
	Asociación de pacientes
	Asociación de familias
	Asociación comerciantes
	Asociación de una enfermedad rara concreta
	Asociación relacionada con las enfermedades raras
	Asociación no especificada
	Asociación relacionada con la salud

	Administración pública
	Hospital
	Empresas/profesionales que trabajan con/para ER
	Empresas de servicios médicos
	Organización religiosa
	ONG
	FEDER
	Fundación
	Fundación relacionada con enfermedades raras
	Fundación de una enfermedad en concreto
	Fundación especializada en salud y bienestar
	Instituto de Investigación
	Sociedad científica/Real Academia
	Empresa no relacionadas con ER
	Otra institución
USUARIO	Anónimo
	Perfil personal paciente
	Perfil personal
	Comunidad de pacientes (no formalizada como asociación)
USUARIO PROFESIONAL	Médico
	Investigador
	Político
	Profesor
	Otros

Fuente: elaboración propia.

El corpus de usuarios fue clasificado por un codificador. Para asegurar la fiabilidad de la codificación, se seleccionó aleatoriamente el 10% de la muestra para que fuera clasificado por otro miembro del equipo investigador. El Alfa de Krippendorf resultante fue del 96,11%, con lo que se aseguró un nivel adecuado de fiabilidad en la codificación.

3.4. Análisis de los resultados

En este análisis exploratorio se van a evaluar tres tipos de datos: la presencia de las enfermedades raras seleccionadas en las tres redes sociales analizadas, la distribución de los tipos de usuarios que publican sobre enfermedades raras en las tres redes sociales, y los 20 usuarios que más publican sobre enfermedades raras en cada una de las redes sociales.

En una primera observación de los datos del corpus, se aprecia una mayor presencia de referencias a las enfermedades raras en los posts que en los comentarios (en el caso de X, en los *replies*). Como puede verse en la Tabla 5, el número de posts en Facebook, X e Instagram con menciones a las enfermedades raras es de 1.025, 3.122 y 1.038, respectivamente, mientras que el de los comentarios es de 187, 93 y 210. Estas cifras también reflejan un desequilibrio en las redes sociales: X acumula casi el triple de posts que Facebook e Instagram.

La Tabla 5 también proporciona datos sobre la presencia de las diferentes enfermedades raras en las tres redes sociales de estudio. Hay algunas que están invisibles en el corpus, como es el caso de la Displasia Renal (ER05), la Enfermedad de Niemann Pick (ER10), el Síndrome de Beckwith Wiedemann (ER23), el Síndrome de Goodpasture (ER25) y el Síndrome Idic15 (ER26), de las que no se ha registrado ninguna publicación proveniente de los usuarios identificados en la escucha. Hay otras patologías que han registrado un bajo número de posts, como la Distrofia Miotónica de Steinert (ER06), la Enfermedad de Gaucher (ER08), la Enfermedad Rendu-Osler (ER11), la Hemofilia A (ER19), el Síndrome de Cushing (ER24), el Síndrome de Prader Willi (ER28) y el Síndrome de X Frágil (ER30). Las enfermedades que más posts han acumulado son la Esclerodermia (ER13), la Esclerosis Lateral Amiotrófica (ER14), la Esclerosis Múltiple (ER15), la Fenilcetonuria (ER16), la Fibrosis Quística (ER17) y la Porfiria (ER21). Entre estas enfermedades, sobresale el caso de la Esclerosis Múltiple (ER15), puesto que acumula 1.910 tweets que la mencionan, una cifra que supera ampliamente al resto de enfermedades. Por otro lado, a pesar de que esta patología ha tenido una mayor presencia en X, no se ha registrado en el corpus ningún post de Instagram que la mencione, tan solo 49 comentarios.

Tabla 5. Distribución de las Enfermedades Raras por red social en el corpus de análisis.

		Facebook		X		Instagram	
ER	Patología	posts	com.	tweets	*replies*	posts	com.
ER01	Albinismo	0	0	38	9	158	7
ER02	Ataxia de Friedreich	0	0	27	0	68	3
ER03	Atrofia Muscular Espinal Proximal	0	0	72	0	12	0
ER04	Complejo Esclerosis Tuberosa	7	1	6	2	14	4
ER05	Displasia Renal	0	0	0	0	0	0
ER06	Distrofia Miotónica de Steinert	0	0	2	0	0	0
ER07	Enfermedad de Fabry	3	0	105	0	23	0
ER08	Enfermedad de Gaucher	0	0	13	0	1	0
ER09	Enfermedad de Huntington	9	1	9	1	66	2
ER10	Enfermedad de Niemann Pick	0	0	0	0	0	0
ER11	Enfermedad Rendu-Osler	2	0	2	0	0	2
ER12	Enfermedad de Wilson	9	1	6	0	2	0
ER13	Esclerodermia	162	21	142	11	405	61

ER	Patología	Facebook		X		Instagram	
		posts	com.	tweets	*replies*	posts	com.
ER14	Esclerosis Lateral Amiotrófica	179	91	181	32	98	41
ER15	Esclerosis Múltiple	161	50	1.910	6	0	49
ER16	Fenilcetonuria	262	0	7	0	73	5
ER17	Fibrosis Quística	117	2	341	10	0	6
ER18	Glucogenosis	5	0	58	0	14	1
ER19	Hemofilia A	0	0	4	0	4	0
ER20	Osteogénesis Imperfecta	3	0	15	0	3	0
ER21	Porfiria	62	15	12	0	93	16
ER22	Síndrome de Angelman	18	1	11	0	8	1
ER23	Síndrome de Beckwith Wiedemann	0	0	0	0	0	0
ER24	Síndrome de Cushing	0	1	17	0	1	0
ER25	Síndrome de Goodpasture	0	0	0	0	0	0
ER26	Síndrome Idic15	0	0	0	0	0	0
ER27	Síndrome de Marfan	1	4	83	4	0	3
ER28	Síndrome de Prader Willi	10	0	1	0	0	0
ER29	Síndrome de Rett	18	1	72	18	0	12
ER30	Síndrome de X Frágil	0	0	2	0	0	0
	Total por tipo de publicación	1.025	187	3.122	93	1.038	210
	Total por red		1.212		3.215		1.248

		Facebook		X		Instagram	
ER	Patología	posts	com.	tweets	*replies*	posts	com.
	Total del corpus						5.675
	Número de publicaciones descargadas	12.892	35.317	84.339	80.231	29.321	270.503
	Proporción de ER en las publicaciones	8,0%	0,5%	3,7%	0,1%	3,5%	0,1%

Nota: ER: Enfermedad Rara; com.: comentarios.
El número total por publicación no coincide con la suma de las respectivas columnas porque hay posts que mencionan más de una enfermedad rara.

Fuente: elaboración propia.

Pasando a analizar el perfil de los usuarios que más hablan de enfermedades raras en el corpus, conviene destacar el papel que desempeñan las asociaciones vinculadas con estas patologías, las comunidades de pacientes y los propios pacientes. La Tabla 6 recoge los datos de los posts que tratan las enfermedades raras clasificados por categorías de usuarios y por red social. Entre los medios de comunicación, sobresalen los 207 posts de Facebook debidos a medios de comunicación genéricos. Los medios especializados apenas mencionan las enfermedades raras en las redes sociales analizadas. Entre los usuarios categorizados como Institución, cabe mencionar la alta actividad de las Asociaciones relacionadas con una enfermedad rara concreta registradas en el corpus (Facebook: 16 usuarios y 470 posts que mencionan alguna enfermedad rara; X: 33 usuarios y 1.702 tweets; Instagram: 32 usuarios y 272 posts). A continuación, le sigue en actividad las Fundaciones de una enfermedad rara concreta. Las cifras son más bajas, si bien siguen un patrón similar en el que la red X acumula el mayor número de publicaciones.

A nivel individual se han detectado 2 perfiles de pacientes en Facebook, 18 en X y 25 en Instagram. La actividad de publicación sobre enfermedades raras de estos usuarios refleja un desplazamiento hacia esta última red: en Facebook se ha registrado tan solo 1 post que mencione alguna enfermedad rara por parte de los pacientes identificados, en X 56 tweets, y en Instagram 134 posts. Las comunidades de pacientes no formalizadas como asociación tan solo publican en Facebook: hay 3 usuarios con un nivel de publicación de 122 posts. En el resto de los perfiles personales se ha encontrado una actividad mayor: 10 usuarios en Facebook que han publicado 122 posts mencionando alguna enfermedad rara; 101 usuarios en X con 115 posts, y 16 usuarios en Instagram con 150 posts.

Entre los usuarios profesionales que participan en las redes sociales, sobresale el perfil de Médico. En el corpus se han registrado 3 usuarios de Facebook con este perfil, los cuales han publicado 23 posts mencionando alguna enfermedad rara; 11 usuarios de X con una actividad de 37 tweets, y 22 usuarios de Instagram que han generado 134 posts.

Al estudiar los datos de Facebook por usuario concreto (ver Tabla 7), se observa que el usuario que ha publicado el mayor número de posts sobre enfermedades raras ha sido el medio de comunicación genérico people. En total, ha publicado 207 posts sobre la Fenilcetonuria (ER16). Este volumen supone casi el doble del siguiente usuario, que es esclerodermia.espanola, que tiene registrados en el corpus 119 posts. El tercer y cuarto usuario están relacionados con la esclerosis múltiple: ELAcomunidad (83 posts) y Asociacion.ELA (74 posts). Entre los 20 usuarios con más actividad sobre enfermedades raras en Facebook abundan las asociaciones de pacientes y las comunidades de pacientes. Cabe destacar dos usuarios que han hecho referencia en sus posts a un considerable número de enfermedades raras: la asociación somospacientes, que han publicado 21 posts en los que mencionaban 7 enfermedades raras distintas, y el médico dricardogil, con 19 posts que citan 8 enfermedades distintas.

En el caso de la red X, los 20 usuarios que más publican sobre enfermedades raras caen bajo la categoría de Institución (ver Tabla 8). Dentro de esta categoría, abundan las asociaciones de una enfermedad rara concreta, las empresas o profesionales que trabajan con enfermedades raras y las empresas de servicios médicos. El usuario de X con mayor actividad sobre enfermedades raras en el corpus es EM_OnetoOne_ES, con 444 tweets. La enfermedad que más sale citada es la Esclerosis Múltiple (ER15), que está citada por los 4 usuarios más activos. En general, los usuarios de la Tabla 8 suelen centrarse en una o dos enfermedades raras, pero hay varios que cubren un amplio abanico de patologías: la empresa RarasReales menciona a 11 enfermedades distintas en sus 119 tweets, la empresa SanofiES a 4, y la empresa RochePacientes, la asociación de profesionales ACNeurología y la empresa roche_es citan cada una a 3 enfermedades.

La Tabla 9 lista los usuarios de Instagram con más publicaciones sobre enfermedades raras recogidas en el corpus de análisis. Esta red social agrupa a más usuarios individuales que en los otros casos. Los tres primeros usuarios con más actividad sobre enfermedades raras son a.e.esclerodermia (112 posts), adela_org (73 posts) y cireemips (61 posts). Los dos primeros corresponden a asociaciones vinculadas con una enfermedad rara, mientras que el tercero es un hospital cuyos posts citan la Esclerodermia (ER13). En esta tabla aparecen los siguientes usuarios identificados como pacientes: fidemiron, con 28 posts hablando sobre Porfiria (ER21), esclerodermia_en_colores, con 27 posts sobre Esclerodermia (ER13), neurosubiancor, con 20 posts que mencionan el Albinismo (ER01), the_violet_eyed_girl, con 18 posts sobre Albinismo (ER01), y mundopku, con 18 posts sobre Fenilcetonuria (ER16). También hay una presencia bastante activa de usuarios no pacientes y de profesionales, como es el caso de viviendo_con_ataxia (52 posts) y sonia_recetaspku (41 posts sobre Fenilcetonuria). En este grupo más activo de Instagram, se cuentan dos médicos: dra.mcdiaz.reumatologa con 45 posts y cerei.ec con 38 posts. En ambos casos la enfermedad rara que tratan en Instagram es la Esclerodermia (ER13). Por último, cabe señalar que los usuarios de Instagram más activos suelen escribir sobre una única enfermedad rara, a excepción de la fundación funcolehf, que ha publicado 23 posts sobre 5 enfermedades raras, y la asociación coreahuntingtoncyl, que ha publicado 18 posts sobre 2 enfermedades raras.

Tabla 6. Distribución de las categorías de usuarios por red social en el corpus de análisis.

Categoría de usuario	Subcategoría de usuario	Facebook			X			Instagram		
		usuarios	posts ER	posts Tot	usuarios	posts ER	posts Tot	usuarios	posts ER	posts Tot
MEDIO DE COMUNICACIÓN	Genérico	4	207	2771	20	14	9854	8	9	13833
	Científico	0	0	0	3	2	1266	2	0	39
	Especializado en salud y bienestar	3	8	929	8	24	3334	3	6	590
	Especializado en enfermedades raras	0	0	0	0	0	0	0	0	0
INSTITUCIÓN	Farmacéutica	2	7	151	2	21	719	1	1	65
	Asociación	0	0	0	0	0	0	0	0	0
	Asociación de profesionales	2	14	93	6	98	1772	4	4	110
	Asociación de pacientes	1	21	352	3	39	666	4	1	417
	Asociación de familias	2	32	110	0	0	0	0	0	0
	Asociación comerciantes	2	0	95	0	0	0	0	0	0

Categoría de usuario	Subcategoría de usuario	Facebook			X			Instagram		
		usuarios	posts ER	posts Tot	usuarios	posts ER	posts Tot	usuarios	posts ER	posts Tot
	Asociación de una enfermedad rara concreta	16	470	1672	33	1702	4109	32	272	1571
	Asociación relacionada con las enfermedades raras	0	0	0	4	138	1515	7	52	565
	Asociación no especificada	0	0	0	0	0	0	2	0	763
	Asociación relacionada con la salud	0	0	0	5	15	755	0	0	0
	Administración pública	0	0	0	5	7	1772	2	0	183
	Hospital	1	2	170	7	48	1484	10	63	751
	Empresas/profesionales que trabajan con/para ER	2	10	64	10	264	2457	3	0	217
	Empresas de servicios médicos	3	10	336	5	168	1869	29	20	2205

Categoría de usuario	Subcategoría de usuario	Facebook			X			Instagram		
		usuarios	posts ER	posts Tot	usuarios	posts ER	posts Tot	usuarios	posts ER	posts Tot
	Organización religiosa	1	0	655	0	0	0	1	0	556
	ONG	3	5	1428	0	0	0	1	29	36
	FEDER	0	0	0	0	0	0	0	0	0
	Fundación	0	0	0	0	0	0	2	0	28
	Fundación relacionada con enfermedades raras	0	0	0	2	19	183	1	23	135
	Fundación de una enfermedad en concreto	1	17	56	3	125	824	1	2	83
	Fundación especializada en salud y bienestar	0	0	0	2	4	762	1	0	34
	Instituto de Investigación	0	0	0	5	17	116	2	4	821
	Sociedad científica/Real Academia	1	3	354	14	189	3463	10	50	1030

Categoría de usuario	Subcategoría de usuario	Facebook			X			Instagram		
		usuarios	posts ER	posts Tot	usuarios	posts ER	posts Tot	usuarios	posts ER	posts Tot
	Empresa no relacionadas con ER	0	0	0	0	0	0	0	0	0
	Otra institución	0	0	0	1	0	519	3	16	275
	Anónimo	0	0	0	17	1	6147	3	3	461
USUARIO	Perfil personal paciente	2	1	628	18	56	4013	25	134	805
	Perfil personal	10	159	2512	101	115	30925	16	150	743
	Comunidad de pacientes (no formalizada como asociación)	3	122	249	0	0	0	0	0	0
USUARIO PROFESIONAL	Médico	3	23	435	11	37	1551	22	134	1347
	Investigador	0	0	0	2	14	559	0	0	0
	Político	0	0	0	0	0	0	0	0	0
	Profesor	0	0	0	0	0	0	0	0	0
	Otros	0	0	0	11	7	3755	23	138	1444

Nota: posts ER: posts que citan alguna de las enfermedades raras; posts Tot: posts totales registrados en el corpus de análisis. El corpus de datos recoge los posts publicados entre enero y mayo de 2023.

Fuente: elaboración propia.

Tabla 7. Los 20 usuarios de Facebook que más han publicado sobre enfermedades raras en el corpus de análisis.

#	usuario Facebook	categoría	subcategoría	posts ER	posts Total	posts %	ER mencionadas
1	people	Medio	Genérico	207	421	49,17	Fenilcetonuria (ER16)
2	esclerodermia. espanola	Institución	Asociación de una enfermedad rara concreta	119	158	75,32	Esclerodermia (ER13)
3	ELAcomunidad	Usuario	Comunidad de pacientes (no formalizada como asociación)	83	124	66,94	Esclerosis Lateral Amiotrófica (ER14), Esclerosis Múltiple (ER15)
4	Asociacion. ELA	Institución	Asociación de una enfermedad rara concreta	74	86	86,05	Esclerosis Lateral Amiotrófica (ER14)
5	Fqlatinoame-rica	Institución	Asociación de una enfermedad rara concreta	62	66	93,94	Fibrosis Quística (ER7)
6	vilmarie. ocasio.5	Usuario	Perfil personal	47	77	61,04	Esclerosis Múltiple (ER15)
7	SoniaCarras-coGarcia1972	Usuario	Perfil personal	40	47	85,11	Fenilcetonuria (ER16)

#	usuario Facebook	categoría	subcategoría	posts ER	posts Total	posts %	ER mencionadas
8	esclerosismultipleaedem	Institución	Asociación de una enfermedad rara concreta	37	117	31,62	Esclerosis Múltiple (ER15)
9	esclerodermia.ar	Usuario	Comunidad de pacientes (no formalizada como asociación)	36	81	44,44	Esclerodermia (ER3)
10	porfiriadealfredozepeda	Usuario	Perfil personal	34	60	56,67	Porfiria (ER21)
11	fiquiperu	Institución	Asociación de familias	30	102	29,41	Fibrosis Quística (ER7)
12	PorfiriaAsociacionEspanola	Institución	Asociación de una enfermedad rara concreta	28	30	93,33	Porfiria (ER21)
13	asocmurciana.esclerosismultiple	Institución	Asociación de una enfermedad rara concreta	23	81	28,4	Esclerosis Lateral Amiotrófica (ER14), Esclerosis Múltiple (ER15)

#	usuario Facebook	categoría	subcategoría	posts ER	posts Total	posts %	ER mencionadas
14	somospacientes	Institución	Asociación de pacientes	21	352	5,97	Esclerodermia (ER13), Esclerosis Lateral Amiotrófica (ER14), Esclerosis Múltiple (ER15), Fibrosis Quística (ER17), Osteogénesis Imperfecta (ER20), Síndrome de Angelman (ER22), Síndrome de Rett (ER29)
15	luciana.abreu.543	Usuario	Perfil personal	19	1396	1,36	Esclerosis Lateral Amiotrófica (ER4), Síndrome de Angelman (ER22)
16	dricardogil	Profesional	Médico	19	219	8,68	Complejo Esclerosis Tuberosa (ER04), Enfermedad de Fabry (ER07), Enfermedad Rendu-Osler (ER07), Esclerodermia (ER3), Esclerosis Lateral Amiotrófica (ER4), Fenilcetonuria (ER6), Glucogenosis (ER8), Síndrome de Marfan (ER27)
17	CaminamosPorEllasyEllosSindromedeRett	Institución	Fundación de una enfermedad en concreto	17	56	30,36	Síndrome de Rett (ER29)

#	usuario Facebook	categoría	subcategoría	posts ER	posts Total	posts %	ER mencionadas
18	AsdemAsociacionSalmantinaDeEsclerosisMultiple	Institución	Asociación de una enfermedad rara concreta	12	82	14,63	Esclerosis Múltiple (ER15)
19	marlenememdeirosfraga	Usuario	Perfil personal	12	41	29,27	Fenilcetonuria (ER16)
20	fundacion.spine	Institución	Empresas/profesionales que trabajan con/para ER	10	59	16,95	Síndrome de Prader Willi (ER28)

Nota: posts ER: posts que citan alguna de las enfermedades raras; posts Tot: posts totales registrados en el corpus de análisis; posts %: porcentaje de los posts que mencionan una enfermedad rara sobre el total de los posts publicados; ER mencionadas: enfermedades raras citadas por el usuario.

El corpus de datos recoge los posts publicados entre enero y mayo de 2023.

Fuente: elaboración propia.

Tabla 8. Los 20 usuarios de X que más han publicado sobre enfermedades raras en el corpus de análisis.

#	usuario X	categoría	subcategoría	posts ER	posts Total	posts %	ER mencionadas
1	EM_One-toOne_ES	Institución	Asociación de una enfermedad rara concreta	444	500	88,8	Esclerosis Múltiple (ER15)
2	Conoce-laEM	Institución	Asociación de una enfermedad rara concreta	245	264	92,8	Esclerosis Lateral Amiotrófica (ER14), Esclerosis Múltiple (ER15)
3	Neuro-House_ES	Institución	Sociedad científica/Real Academia	137	276	49,64	Esclerosis Múltiple (ER15)
4	esclerosi-seme	Institución	Asociación de una enfermedad rara concreta	128	171	74,85	Esclerosis Múltiple (ER15)
5	RarasReales	Institución	Empresas/profesionales que trabajan con/para ER	119	516	23,06	Ataxia de Friedreich (ER02), Enfermedad de Fabry (ER07), Enfermedad de Gaucher (ER08), Enfermedad de Huntington (ER09), Esclerosis Lateral Amiotrófica (ER14), Fibrosis Quística (ER17), Glucogenosis (ER18), Porfiria (ER21), Síndrome de Angelman (ER22), Síndrome de Marfan (ER27), Síndrome de Rett (ER29)

#	usuario X	categoría	subcategoría	posts ER	posts Total	posts %	ER mencionadas
6	ADEM-MADRID	Institución	Asociación de una enfermedad rara concreta	116	148	78,38	Esclerosis Múltiple (ER5)
7	RochePa-cientes	Institución	Asociación relacionada con las enfermedades raras	96	393	24,43	Atrofia Muscular Espinal Proximal (ER03), Esclerosis Lateral Amiotrófica (ER4), Esclerosis Múltiple (ER5)
8	SanofiES	Institución	Empresas de servicios médicos	81	510	15,88	Enfermedad de Fabry (ER07), Enfermedad de Gaucher (ER08), Esclerosis Múltiple (ER5), Glucogenosis (ER18)
9	SIMA_Asociacion	Institución	Asociación de una enfermedad rara concreta	77	220	35	Síndrome de Marfan (ER27)
10	Funda-cioEM	Institución	Fundación de una enfermedad en concreto	76	519	14,64	Esclerosis Múltiple (ER5)
11	ACNeuro-logia	Institución	Asociación de profesionales	73	519	14,07	Enfermedad de Huntington (ER09), Esclerosis Lateral Amiotrófica (ER4), Esclerosis Múltiple (ER5)

#	usuario X	categoría	subcategoría	posts ER	posts Total	posts %	ER mencionadas
12	AMFQMX	Institución	Asociación de una enfermedad rara concreta	73	151	48,34	Fibrosis Quística (ER17)
13	AEEscle-rodermia	Institución	Asociación de una enfermedad rara concreta	72	194	37,11	Esclerodermia (ER3)
14	asocia-cionrett	Institución	Asociación de una enfermedad rara concreta	63	144	43,75	Síndrome de Rett (ER29)
15	fqlatinoa-merica	Institución	Asociación de una enfermedad rara concreta	62	68	91,18	Fibrosis Quística (ER17)
16	roche_es	Institución	Empresas de servicios mé-dicos	59	462	12,77	Atrofia Muscular Espinal Proximal (ER3), Esclerosis Múltiple (ER15), He-mofilia A (ER9)
17	Avempo	Institución	Empresas/pro-fesionales que trabajan con/para ER	51	111	45,95	Esclerosis Múltiple (ER15)

#	usuario X	categoría	subcategoría	posts ER	posts Total	posts %	ER mencionadas
18	aedemesclerosis	Institución	Asociación de una enfermedad rara concreta	50	82	60,98	Esclerosis Múltiple (ER15)
19	visofarma	Institución	Hospital	43	254	16,93	Esclerosis Múltiple (ER15), Fibrosis Quística (ER17)
20	SociedadSEMAIS	Institución	Sociedad científica/Real Academia	41	241	17,01	Esclerodermia (ER13)

Nota: posts ER: posts que citan alguna de las enfermedades raras; posts Tot: posts totales registrados en el corpus de análisis; posts %: porcentaje de los posts que mencionan una enfermedad rara sobre el total de los posts publicados; ER mencionadas: enfermedades raras citadas por el usuario.

El corpus de datos recoge los posts publicados entre enero y mayo de 2023.

Fuente: elaboración propia.

Tabla 9. Los 20 usuarios de Instagram que más han publicado sobre
enfermedades raras en el corpus de análisis.

#	usuario Instagram	categoría	subcategoría	posts ER	posts Total	posts %	ER mencionadas
1	a.e.esclerodermia	Institución	Asociación de una enfermedad rara concreta	112	138	81,16	Esclerodermia (ER13)
2	adela_org	Institución	Asociación de una enfermedad rara concreta	73	85	85,88	Esclerosis Lateral Amiotrófica (ER14)
3	cireemips	Institución	Hospital	61	66	92,42	Esclerodermia (ER13)
4	viviendo_con_ataxia	Usuario	Perfil personal	52	187	27,81	Ataxia de Friedreich (ER02)
5	dra.mcdiaz.reumatologa	Profesional	Médico	45	45	100	Esclerodermia (ER13)
6	sociedadsemais	Institución	Sociedad científica/Real Academia	41	242	16,94	Esclerodermia (ER13)
7	sonia_recetaspku	Usuario	Perfil personal	41	48	85,42	Fenilcetonuria (ER16)

#	usuario Instagram	categoría	subcategoría	posts ER	posts Total	posts %	ER mencionadas
8	cerei.ec	Profesional	Médico	38	38	100	Esclerodermia (ER13)
9	esclerosalud	Institución	Asociación relacionada con las enfermedades raras	37	75	49,33	Esclerodermia (ER13)
10	porfiria_deaz	Profesional	Otros	35	59	59,32	Porfiria (ER21)
11	iriamum	Usuario	Perfil personal	33	85	38,82	Albinismo (ER01)
12	beyond_suncare	Institución	ONG	29	36	80,56	Albinismo (ER01)
13	fidemiron	Usuario	Perfil personal paciente	28	39	71,79	Porfiria (ER21)
14	esclerodermia_en_colores	Usuario	Perfil personal paciente	27	29	93,1	Esclerodermia (ER13)
15	asociacionespanolaporfiria	Institución	Asociación de una enfermedad rara concreta	26	26	100	Porfiria (ER21)

#	usuario Instagram	categoría	subcategoría	posts ER	posts Total	posts %	ER mencionadas
16	funcolehf	Institución	Fundación relacionada con enfermedades raras	23	135	17,04	Enfermedad de Fabry (ER07), Enfermedad de Wilson (ER12), Fenilcetonuria (ER16), Glucogenosis (ER18), Porfiria (ER21)
17	nerosubiancor	Usuario	Perfil personal paciente	20	28	71,43	Albinismo (ER01)
18	coreahuntingtoncyl	Institución	Asociación de una enfermedad rara concreta	18	26	69,23	Enfermedad de Huntington (ER09), Esclerosis Lateral Amiotrófica (ER14)
19	the_violet_eyed_girl	Usuario	Perfil personal paciente	18	20	90	Albinismo (ER01)
20	mundopku	Usuario	Perfil personal paciente	18	20	90	Fenilcetonuria (ER16)

Nota: posts ER: posts que citan alguna de las enfermedades raras; posts Tot: posts totales registrados en el corpus de análisis; posts %: porcentaje de los posts que mencionan una enfermedad rara sobre el total de los posts publicados; ER mencionadas: enfermedades raras citadas por el usuario.

El corpus de datos recoge los posts publicados entre enero y mayo de 2023.

Fuente: elaboración propia.

4. CONCLUSIONES

Este estudio exploratorio sobre la presencia de enfermedades raras en las redes sociales ha hecho aflorar algunos patrones de comportamiento. La investigación se concentra en un grupo reducido de enfermedades raras, entre las que se incluyen aquellas con casos clínicos registrados en España entre 2010 y 2019. Los datos de análisis se corresponden a los textos publicados en castellano en tres de las redes sociales más populares: Facebook, X e Instagram.

La red social X acumula un mayor volumen de contenido publicado sobre enfermedades raras que Facebook e Instagram. De las 30 enfermedades raras seleccionadas para el estudio, ha habido 5 de las que no hemos registrado ningún post ni ningún comentario en el corpus de análisis. Estas patologías son: la Displasia Renal (ER05), la Enfermedad de Niemann Pick (ER10), el Síndrome de Beckwith Wiedemann (ER23), el Síndrome de Goodpasture (ER25) y el Síndrome Idic15 (ER26). La enfermedad rara que más actividad ha concentrado ha sido la Esclerosis Múltiple (ER15), con un total de 1.910 tweets, 161 posts en Facebook y ningún post en Instagram.

Entre los perfiles de usuarios identificados, se ha distinguido entre usuario institucional y usuario individual. A nivel institucional, sobresalen las asociaciones y las fundaciones relacionadas con alguna enfermedad rara, así como las empresas o profesionales que trabajan para alguna enfermedad rara. La red social que más actividad acumula por parte de este tipo de usuarios es X. A nivel individual, se han identificado unos pocos pacientes que publican en redes sociales: 2 en Facebook, 18 en X, y 25 en Instagram. La actividad de estos pacientes es mayor en Instagram que en las otras dos redes sociales. También se han identificado usuarios individuales no pacientes que publican sobre enfermedades raras. Para este perfil, la red social preferida es Facebook. Entre los usuarios individuales que publican contenido profesional en las redes sociales, se detecta una intensa actividad por parte de médicos. En este caso, su actividad se centra fundamentalmente en Instagram. Así pues, resulta posible plantear un patrón de actividad: mientras que las instituciones relacionadas con enfermedades raras promocionan una actividad mayor en X, los usuarios individuales priorizan su presencia en Instagram.

El alcance de estas conclusiones se encuentra sujeto a las limitaciones de la metodología seguida. La más importante atañe al modo en que se seleccionaron los usuarios de los que se descargaron los posts y sus correspondientes comentarios. Se siguió un procedimiento de dos fases: primero hubo una escucha y después se llevó a cabo la extracción de los posts en función de los usuarios identificados en la escucha. Evidentemente, en las redes sociales hay más usuarios vinculados a las enfermedades raras que no han podido ser identificados. Quizá el caso más evidente sea FEDER: no se tienen registros suyos porque no publicó durante la ventana de tiempo ningún post mencionando una de las enfermedades raras de estudio.

Los datos recogidos y su análisis descriptivo pretenden al menos contribuir a conocer mejor la imagen pública en las redes sociales de un fenómeno cuya misma denominación apunta a una singular escasez. Lo que sí parece evidente es que cuanta mejor visibilidad tengan las enfermedades raras, mayor inclusión gozarán aquellas personas afectadas por estas patologías, tanto los pacientes como sus familiares. El presente capítulo ha pretendido contribuir a esta misión.

REFERENCIAS

ARMAYONES, M., REQUENA, S., GÓMEZ-ZÚÑIGA, B., POUSADA, M., y BAÑÓN, A. M., "The use of Facebook in Spanish associations of rare diseases: how and what is it used for?", *Gaceta Sanitaria*, 29, 2016, 335-340.

BAÑÓN HERNÁNDEZ, A. M., y SOLVES ALMELA, J. A., "El debate sobre las enfermedades poco frecuentes: una mirada a través de los medios de comunicación", *Mètode: Revista de difusión de la Investigación*, 88, 2016, 62-67.

CHEN, Q., MIN, C., ZHANG, W., MA, X. y EVANS, R., "Factors driving citizen engagement with government TikTok accounts during the Covid-19 pandemic: Model development and analysis", *Journal of medical internet research*, 23, 2021, e21463.

ESPARCIA, A., VILLAFRANCA, P. L., y CARRETÓN, M. C., "La comunicación en la red de pacientes con enfermedades raras en España", *Revista Latina de Comunicación Social*, 70, 2015, 673-688.

FERREIRA, C. R., "The burden of rare diseases", *American Journal of Medical Genetics*, 179, 2019, 885-892.

HAIK, D., KASHANCHI, K., TAJRAN, S., HEILBRONN, C., ANDERSON, C., FRANCIS, D. O., GELBARD, A., y VERMA, S. P., "The Online Support Group as a Community: A Thematic Content Analysis of an Online Support Group for Idiopathic Subglottic Stenosis", *Annals of Otology, Rhinology and Laryngology*, 128, 2019, 293–299.

IAB SPAIN, *Estudio de Redes Sociales 2023*, Madrid, 2023.

LOTAN, I., BACON, T., LEVY, M., y KISTER, I., "Harnessing the power of social media to learn about a very rare disorder: survey of Facebook group about paroxysmal symptoms in neuromyelitis optica spectrum disorder", *Neurology*, 94, 2020, 16-36.

MINISTERIO DE SANIDAD, *Informe ReeR 2022: Situación de las Enfermedades Raras en España*, Madrid, 2022.

PÉREZ DASILVA, J., SANTOS DIEZ, M. T. y MESO AYERDI, K., "Las asociaciones de enfermedades raras: Estructura de sus redes e identificación de los líderes de opinión mediante la técnica del análisis de redes sociales", *Revista Latina de Comunicación Social*, 79, 2021, 175-205.

SÁNCHEZ-CASTILLO, S., "Las enfermedades raras en la prensa española: una aproximación empírica desde la teoría del *Framing*", Ámbitos Revista Internacional de Comunicación, 22, 2013, 1-18.

SÁNCHEZ-CASTILLO, S. y MERCADO SÁEZ, M.T., "Sufro una grave enfermedad rara. Reto a cantar y hacer coreografías en TikTok", *Profesional de la Información*, 30, 2021, 4, 1-17.

SUBIRATS, L., REGUERA, N., BAÑÓN, A. M., GÓMEZ-ZÚÑIGA, B., MINGUILLÓN, J., y ARMAYONES, M., "Mining Facebook data of people with rare diseases: A content-based and temporal analysis", *International Journal of Environmental Research and Public Health*, 15, 2018, 1877.

TEMPINI, N., "Governing PatientsLikeMe: Information Production and Research Through an Open, Distributed, and Data-Based Social Media Network", *Information Society*, 31, 2015, 193–211.

"Estamos muy expuestos". El discurso valorativo sobre las redes sociales en un grupo de discusión relacionado con las enfermedades poco frecuentes[8]

Antonio M. Bañón Hernández
Universidad de Almería, CySOC

Eman Mhanna Mhanna
Universidad de Sevilla

1. INTRODUCCIÓN

El interés de los investigadores en salud y comunicación por las redes sociales va en aumento, como ocurre en otras muchas áreas temáticas. Una prueba más es el monográfico titulado "Digital Health Information and Behaviors" publicado por *The Journal of Medicine, Humanity and Media*. Es el volumen 2(1), correspondiente a 2024. El año pasado, 2023, la brasileña *Revista Eletrônica de Comunicação, Informação & Inovação em Saúde* publicó un dossier sobre salud digital en su volumen 17(3) y otro en un volumen anterior, el 16(4), de 2022. No hallamos en estas monografías una aplicación sobre el caso específico de las enfermedades poco frecuentes.

8.   Este capítulo forma parte del Proyecto de Fortalecimiento de Grupos titulado 'Estudios Críticos sobre la Comunicación'. PPIT-UAL, Junta de Andalucía-FEDER 2021-2027. Objetivo RSO1.1. Programa: 54-A

El proyecto Observatorio de las Enfermedades Raras (OBSER) de la Federación Española de Enfermedades Raras, subvencionado por el Ministerio de Sanidad y Asuntos Sociales, incluyó, en sus inicios, cinco informes sobre medios de comunicación y enfermedades poco frecuentes. Manuel Armayones y su equipo de la Universitat Oberta de Catalunya participaron en el informe de 2014 e incluyeron información relevante sobre el discurso de las asociaciones de enfermedades poco frecuentes en Facebook (Solves y Bañón, 2014). En aquel año, indicaban que el 78,2% de las asociaciones utilizaban su presencia en esta red social para la captación de fondos "a través de *links* a plataformas de micromecenazgo, peticiones directas de donativos o publicidad de eventos solidarios, así como de venta de productos" (2014: 57). También destacaban que el 70% de las asociaciones utilizaba Facebook "para realizar tareas de sensibilización sobre enfermedades raras en general". El 83% compartía información sobre "eventos científicos" y sobre avances en la investigación. Finalmente, el 45,5% de las asociaciones ofrecía "material y actividades de información y apoyo psicológico-social" (2014: 58). No pensamos que hayan cambiado apenas los objetivos esenciales en la actualidad, en esa y en otras redes sociales.

En años posteriores, el grupo de la UOC publicó nuevos trabajos sobre la conexión entre enfermedades poco frecuentes (EPF) y esta misma red social. En un primer trabajo (Armayones et al., 2015), se destacaba "la alineación entre los intereses de las asociaciones a través de su presencia en Facebook y los ámbitos de actuación de la Estrategia Nacional de Enfermedades Raras" (2015: 335). El segundo trabajo (Subirats et al., 2018), elaborado desde la orientación de minería de datos, pretendía saber si las conversaciones en los grupos de Facebook eran en alguna medida coincidentes con el decálogo de prioridades elaborado por la Federación Española de Enfermedades Raras (FEDER) para el Día Mundial de las Enfermedades Raras de 2015. Entre las conclusiones, nos gustaría destacar estas: "We observed that the following words have a large presence in the decalogue and are little-used on Facebook: disability, professionals and diseases. Similarly, the following are the words most present on Facebook with little representation in the decalogue: help, life, people and children" (2018: 11).

Sebastián Sánchez y María Teresa Mercado (2021), por su parte, han analizado 2.750 publicaciones en TikTok procedentes de once *hashtags* sobre enfermedades raras en seis idiomas. Creen que "bajo el telón de la escenografía personalista, el uso masivo de TikTok está cambiando un discurso reivindicativo ya consolidado y está invitando a la creación de nuevos códigos con resultados impredecibles para el conocimiento y necesidades que este grupo poblacional en riesgo de exclusión demanda".

Tras esta introducción (1) y después de la aproximación teórico-metodológica del siguiente epígrafe (2), nos ocuparemos del discurso valorativo sobre las redes sociales y las EPF (3). Para su desarrollo, analizaremos, a partir de las declaraciones de los participantes en el grupo de discusión, cinco aspectos concretos, que nos han parecido de especial relevancia en el intercambio de discursos: la visibilización (3.1), la búsqueda de nuevas comunidades (3.2), la brecha generacional (3.3), la competencia por hacerse oír (3.4) y la desinformación (3.5).

2. APROXIMACIÓN TEÓRICO-METODOLÓGICA

El uso del grupo de discusión como herramienta para la investigación cualitativa aplicada ha sido promovido desde hace mucho tiempo (Krueger, 1991; Ibáñez, 1991). El resultado comunicativo de ese grupo es útil como corpus para el análisis del discurso. Lo hemos comprobado en el caso específico de las enfermedades poco frecuentes (Bañón, 2017). En aquella ocasión, utilizamos una grabación generada en el contexto de la elaboración del *Estudio sobre situación de Necesidades Sociosanitarias de las personas con Enfermedades Raras en España* (Solves et al., 2018). Ahora vamos a servirnos del grupo de discusión desarrollado en el Social.Lab de la Universidad de Valencia. La reunión se desarrolló como una de las actividades que daban inicio al proyecto *Identificación de las necesidades sociosanitarias de pacientes con enfermedades raras: procesamiento del flujo comunicativo en redes sociales*. Este capítulo ha de incluirse entre las actividades de este proyecto (CIAICO/2022/188).

Participaron once personas; dos moderadores (M1 y M2) y nueve invitados (I), que pasamos a identificar a continuación: I1=Representante de la entidad *La Voz de Alejandra*, vinculada al síndrome de Angelman; I2=Médico de atención primaria y profesor universitario; I3=Director de cine inclusivo; I4= Médica jubilada experta en enfermedades raras; I5= Representante de la entidad *Ponte en marcha VHL*, vinculada a von Hippel-Lindau; I6=Representante de la entidad *ALBA*, vinculada al albinismo; I7=Representante de la entidad *X Frágil Valencia* y madre de una niña afectada por esta patología; I8= Voluntaria de la entidad *La Voz de Alejandra*; I9= Representante de la entidad *Empujando el carro* y padre de una niña afectada por síndrome de Rett.

La duración total del grupo de discusión fue de 1 hora, 40 minutos y 56 segundos. Nos ha sido de gran utilidad tanto la observación directa de la grabación como la transcripción realizada para el proyecto por la Fundació per al Foment de la Investigació Sanitària i Biomèdica de la Comunitat Valenciana (FISABIO). Hemos adaptado la ortografía cuando lo hemos considerado necesario para ajustar mejor el texto a las normas académicas o para que se entendiese mejor el contenido.

Nos pasamos media vida valorando a los demás, lo que dicen, lo que hacen y lo que son. La otra vida nos la pasamos valorándonos a nosotros mismos. Nos interesa analizar el discurso valorativo que estos nueve testigos significativos muestran en relación a la utilidad o inutilidad de las redes sociales a propósito de las principales reivindicaciones de las personas con EPF.

Como expusimos en otra investigación (Bañón, 2018), hay seis grados de valoración. En este caso, serían los siguientes: a) las redes sociales son muy útiles (entusiasmo); b) las redes sociales son útiles (satisfacción); c) las redes sociales son un poco útiles (reconocimiento); d) las redes sociales son un poco inútiles (recelo); e) las redes sociales son inútiles (insatisfacción); f) las redes sociales son muy inútiles (rechazo). Cada uno de esos grados se expresa en procesos estratégicos concretos: revolucionar o innovar serían procesos de valoración muy positiva; incluir, educar o visibilizar serían procesos propios de una valoración positiva de las redes; contribuir, colaborar, apoyar o ayudar serán procesos de valoración un poco positiva; individualizar, ralentizar o limitar son ejemplos de valoración un poco negativa; saturar, desorientar, difuminar o confundir expresan valoración negativa; y engañar, ocultar, excluir o discriminar serían algunos de los procesos estratégicos de la valoración muy negativa.

Son cada vez más lo médicos que se aproximan a las redes como herramienta de atención terapéutica y también para darse a conocer, en el caso de que quieran potenciar su reputación profesional y rentabilizar sus posibles ámbitos de acción. Otros lo hacen simplemente para participar en la divulgación y en la educación. Es lo que hace, por ejemplo, el cirujano Raúl Sánchez Pérez explicando a través de las redes algunas patologías cardíacas poco frecuentes. Recientemente, pudimos trabajar con él en un capítulo en el que analizábamos las fases comunicativas asociadas al trasplante de corazón mediante la donación en asistolia controlada (Bañón y Sánchez, 2023). Los pacientes también valoran muy positivamente la capacidad de las redes para que haya intercambio de consejos entre familias con alguna EPF. Y también conocemos su capacidad para generar recursos económicos aplicables a proyectos sociales, médicos o asociativos, y para la captación de posibles candidatos a ensayos clínicos. No menos relevante es el aumento de la capacidad reivindicativa y de presión sociopolítica de los pacientes y de los profesionales a través de las redes.

Dominique Cardon cree que el hipertexto puede llegar a ser un dispositivo de despersonalización (2013:175). La ausencia, a veces, de interacción directa, cara a cara, distancia al hablante de lo dicho y favorece la desinhibición, la descortesía y hasta la violencia verbal, sobre todo en los foros (Montecino, 2003; Mancera y Pano, 2013:26). También en Facebook (Chun y Leung, 2014). Pues bien, lamentablemente, las redes no siempre tratan a las personas con EPF de manera amable, ni mucho menos. Pudimos comprobarlo, hace algún tiempo, en un trabajo de 2010 en el que analizábamos el intercambio de mensajes en un foro en el que se hablaba de una EPF conocida como Hallervorden-Spatz. Las EPF han sido tradicionalmente objeto de sensacionalismo y estigmatización, y el anonimato con el que, a veces, se puede actuar en las redes despierta el lado menos solidario del ser humano. Por esa estigmatización sufrida y también por el hecho de que muchas patologías minoritarias conllevan graves problemas de movilidad, las redes también ofrecen el otro lado de la moneda: la consecución de vías para sentirse comprendido y acompañado.

3. EL DISCURSO VALORATIVO SOBRE LA UTILIDAD DE LAS REDES SOCIALES Y LAS EPF

Siguiendo con la contextualización necesaria, los participantes en el grupo nos dan pistas muy interesantes en relación a las enfermedades poco frecuentes. Gracias a ellas, dice I7 se ha "hecho una forofa de las redes sociales". Es una muestra de la importancia que las familias y los colectivos de personas afectados por estas patologías conceden ya a este tipo de comunicación digital. Recordemos que "forofa", según el *Diccionario de la Real Academia* es el "partidario entusiasta de alguien o algo".

Es evidente, por otra parte, que existe, en general, un amateurismo generalizado en los usos de herramientas comunicativas por parte de los afectados. La expresión "mirar con lupa" es la que usa I9 para aludir al comportamiento de los directivos de las asociaciones de pacientes cuando se trata de proponer financiación específica para comunicación y para redes. De hecho, dice "miran mucho con lupa". Se está mencionando, entonces, una valoración no positiva e incluso un poco negativa de las redes en este entorno. A cambio aparece esa orientación más amateur: "Es gente de la asociación, pues que igual tampoco tiene tanto manejo con las redes sociales. Pues el impacto igual no es tan grande" (I2). Probablemente, no hay un análisis con perspectiva o a medio plazo de la profesionalización de las redes sociales, cosa que sí ocurre en uno de los casos: "Actualmente, en la Asociación Española de Síndrome de Rett, de la cual formo parte de la Junta Directiva, sí, las redes las lleva una empresa" (I9). Pudiera parecer que esta hipotética inversión o dedicación no encajase directamente con la principal función de las asociaciones, según indica el mismo testigo: "La finalidad principal no es ser famosos en las redes sociales. Lógicamente, la finalidad principal es atender las necesidades de los asociados" (I9). Verbalizar el posible impacto como "fama" no es una cuestión menor.

El uso del sintagma "una mamá" para hacer referencia a la encargada de llevar Instagram es uno de los ejemplos más claros de ese amateurismo e individualización en la gestión de las redes. Esa mamá está, además, "aprendiendo" (I7). La otra forma de individualizar esta tarea es aún más clara: "A ver, es que Twitter lo llevo yo" (I7) o "Llevarlo uno solo es también complicado" (I7). Hemos de tener en cuenta también que la asunción de esta responsabilidad se produce en familias con una sobrecarga de trabajo derivado del cuidado de la persona con la patología, así como con poca disponibilidad de tiempo. De hecho, I5 refleja de forma muy clara tanto la individualización como la asunción obligada de responsabilidad: "Hombre, pues desde luego, pero, si no lo hace nadie, ya lo hago yo (*risa general*) (...) Pues me muevo yo y ya cuando la gente empiece a despertarse se irán uniendo". El vocativo interjectivo del comienzo indica reacción ante una realidad que parece incomodar más que sorprender. La frase condicional determina la obligación implícita de actuar. El valor metafórico de "despertarse" es importante porque se presupone, entonces, que el colectivo de afectados está o ha estado dormido. Y las risas indican, en este caso, coincidencia valorativa con la persona que habla. En el fondo de este tipo de intervenciones también está la dificultad tanto para encontrar liderazgo asociativo como para generar espacios de reivindicación colectiva también en las redes sociales.

Esto encaja con una última reflexión que queríamos hacer en esta contextualización inicial: en el grupo de discusión no parece haber demasiado interés por asociar el uso de las redes y otros debates sociosanitarios de gran calado. Probablemente, se perciben lejanos y con poca capacidad de incidencia en la realidad. Pensamos, por ejemplo, en los centros, servicios y unidades de referencia, en la legislación en EPF, en el papel de los pacientes expertos en la interacción sanitaria o en el uso de animales en el proceso de experimentación científica.

3.1. Cuando visibilizar es visibilizarse

En realidad, la valoración solo puede ser abordada desde la relatividad. La teoría de la valoración y la teoría de la relatividad han de imaginarse, efectivamente, de forma conjunta. Así, por ejemplo, ocurre que el intercambio de discursos públicos sobre las EPF incorpora una reinterpretación de la lógica valorativa. Es decir, si las redes sociales sirven para visibilizar, para dar voz a las personas con EPF, esta función podría verse más bien como origen de una valoración muy positiva (en lugar de positiva), puesto que el punto de partida de estas patologías es el desconocimiento generalizado por parte de la sociedad y, en parte, de los periodistas, de los gestores sanitarios y hasta de los profesionales vinculados a la salud. Esta reinterpretación sería al alza; es decir, se sobrevaloraría la visibilización. Un ejemplo interesante es la rectificación que hace I8 cuando alude a un audiovisual que realizaron en su casa: "Entonces, nos eligieron. Bueno, no; nos eligieron, no. Nos dijeron si queríamos". La presencia de la estructura predicativa "ser elegido" indica esa sensación de ser afortunado cuando consigues ser visibilizado. En otras ocasiones, la reinterpretación muestra una infravaloración, naturalmente.

En este grupo, no se pone en duda la importancia de las redes sociales. Si I7 se declaraba forofa de ellas, I3, por su parte, no duda en defender que su poder "para visibilizar las cosas es brutal". Es una valoración muy positiva. Parecería que estar en redes asegura la visibilidad. Ahora bien, hacerse visible no implica necesariamente conseguir un alto grado de visibilización. Por otro lado, es importante reflexionar sobre lo que significa, en este contexto, visibilizar y, además, explorar el tipo de implicación. Vale decir que, con frecuencia, la voz que cuenta coincide con el protagonista de la historia contada en las redes sociales de las personas afectadas por EPF. Hay una suerte de trayectoria circular que hace que la visibilización de las EPF pase por la propia visibilización. Hay que mostrarse, lo que implica proyectar la propia imagen o la de tu familia a muchas personas en el mejor (o en el peor) de los casos.

Destaca, en el intercambio de mensajes que estamos estudiando, la mención a los niños como prototipo de visibilización exitosa. Su presencia y su protagonismo son tratados con bastante naturalidad. Cosa que sorprende a M1, por cierto: "M1: Y los contenidos de las redes de las asociaciones ¿tenéis discriminado cuales son más eficaces, los que más *likes* tienen? (…)-I6: Por ejemplo, en Instagram cuando subes un *reel* de niños jugando, niños haciendo... -M1: ¿Niños? (*Se oyen risas*). -I6: Sí, digamos así cosas más alegres, chulas y vemos los comentarios por ejemplo -¡Ay, esto que chulo!". En esto, parece que los medios tradicionales y las redes sociales coinciden. Las risas pueden indicar que se entiende la sorpresa del moderador y que, al mismo tiempo, se entiende la fuerza comunicativa de los niños. Ahora bien, "hay una fina línea entre dar visibilidad y dar pena" (I6). Como indica I7, a veces se dice eso de "¡Ay, pobrecito!". Esto tiene un calado mayor aún: la posible incoherencia en las iniciativas de los propios afectados cuando se manejan en redes sociales: "Por ejemplo, en ALBA hasta propios padres te suben un día que te dicen 'mira, esto está guay'. Y lo puedes compartir. Y, al otro día, el mismo padre te pone una cosa que dices (*gesticula extrañeza con su cara*) te estás quejando o mostrando una cosa que no deberías de hacer; entonces, eso tienes que cribarlo. No sé si me explico" (I6). Probablemente, por deferencia hacia sus compañeros de asociación, la crítica aparece atenuada y entrecortada.

La valoración negativa de la exposición en redes es un tema que ha suscitado mucho interés en el grupo. Así lo hemos percibido nosotros, al menos. Una de las expresiones clave es "el precio a pagar" en términos de intimidad perdida, fundamentalmente. Dice I9: "Es decir que el precio que paga una persona por poner su intimidad en las redes sociales para que lo vea todo el mundo, da igual lo que genere, es un precio alto en sí mismo". Pagar un precio es una idea que remite claramente al ámbito de la economía y del intercambio de bienes o servicios. Situados en este ámbito y tratando un tema tan sensible, no podemos extrañarnos de que pueda haber conflictos. Si para I9 el precio era alto, para I2 es muy alto: "Es un precio muy alto tener que estar dedicando literalmente todo el rato a las redes y a nivel emocional lo que eso supone enseñar a la gente a tu hija mal o a ti mal" (I2). Este regulador de intensidad es muy importante porque nos sitúa más en una valoración muy negativa que negativa. Colabora en esta idea el uso del verbo "enseñar" que aporta, en este entorno, una cierta deshumanización o, si se quiere, una cierta espectacularización. Hay quien atenúa esta mostración de lo privado al mundo con gradadores: "Mostrar un poco más su vida" (I5). Pero lo normal es intensificar la realidad con frases como la que aparece en el título de este trabajo: "Estamos muy expuestos" (I7). Espectacularización es también lo que podemos deducir del uso de la expresión "engancha más" en relación al "enseñar el día a día" y "la noche a noche" (I2) de la vida de Alejandra. Ahora bien, la sobreexposición es vista por alguno como "la única vía para que te hagan caso y poder crear un impacto en las personas" (I2). Es, si se piensa, una petición modesta, muy básica: que te hagan caso.

Y no solo los actores aparecen expuestos, también los espacios y los objetos personales. No en vano, la casa familiar puede dejar de ser ese lugar sagrado y libre de miradas extrañas, las discretas y las indiscretas: "Sale nuestra casa, nuestra hija cuando era pequeña, nuestro baño, mi pijama (...); es decir, que realmente es un precio muy alto, muy alto el que hay que pagar" (I9). Los adjetivos posesivos, que aparecen repetidamente, fuerzan ese choque entre lo público y lo privado. Y "pijama" tiene un valor emblemático precisamente como representante simbólico del hogar y de lo privado. También se repite la estructura "muy alto" en relación al precio, por lo que la valoración del proceso también aquí es muy negativa. El adverbio "realmente" indica transparencia que se quiere propiciar incluso en la evaluación de los aspectos más sentimentales de la narración. No es casualidad que I5, hablando también sobre otro espacio poco conocido que se podría abrir al público, el laboratorio, utilice de nuevo ese adverbio y de forma insistente además: "Entonces nuestra intención es las personas que nos siguen, las personas que están diariamente con nosotros que vean que es lo que realmente se hace y lo que hay realmente detrás". La exposición pública del espacio privado en ocasiones se expresa mediante las palabras "invasión" (I7), "desnudarse" (I9) o "vértigo" (I9). Desde otro punto de vista, mucho más poderoso es el uso del verbo "vender" en relación a las propias vidas (I8). Las manifestaciones discursivas de este verbo son muy llamativas en las intervenciones de I8: "Hay gente que ya ha nacido vendiendo sus vidas", "Estás vendiendo tu intimidad realmente", "Vende igual que rollos de su vida". Igualmente interesante, por cierto, es la expresión "peaje emocional", usado por M1.

Y si de visibilización se habla, también hay que pensar en los receptores, en los visibilizadores; esto es, en los seguidores de los mensajes y documentos que se vuelcan en las redes sociales. Tomás Albaladejo ha hablado justamente de la poliacroasis como el proceso de recepción multilateral y cada vez más amplia (2010; 2012). Es lo que se busca en las redes, por lo normal. El problema es convertir el número de seguidores en el objetivo final y no en un medio para cumplir objetivos mayores: "Hoy en día es -yo lo veo en mi hija- todo es colgar vídeos y vídeos de cualquier tontería que hagan. Y todo es colgar y colgar. Y su fin es tener *likes*, tener me gusta, tener seguidores. Y ese es el fin" (I1). Una de las jóvenes afectadas por varias enfermedades raras a la vez y con gran influencia en redes, Noah Higon, tiene, según dice I7, 102 mil seguidores. Ella y Fide Mirón, vicepresidenta de la Federación Española de Enfermedades Raras y afectada por una agresiva porfiria de Günther, son mencionadas como referentes en cuanto a seguidores se refiere. Son valoradas muy positivamente. Es importante reflexionar un momento sobre lo que supone la cifra mencionada anteriormente cuando, al fin y al cabo, hablamos de EPF; es, sin duda, una cantidad impresionante de seguidores. También en esto, las cantidades han de ser interpretadas de forma específica cuando hablamos de estas patologías minoritarias. Es lo que hacen los participantes en el grupo de discusión. Pero lo normal no es el éxito en redes: "No hemos tenido un boom de repente de muchísimos seguidores ni nada de eso" (I2). Entre las fórmulas que se menciona como adecuada para conseguir seguidores aparece la exposición del "día a día" de las personas y de las familias con EPF. La exposición de lo bueno y de lo malo, como afirma I7. Probablemente sea el secreto, en efecto, de la vinculación de "seguidores reales y muy activos" (I9). Su actividad es la que asegura, además, el apoyo de nuevos seguidores y el éxito de las campañas y de las propuestas de recaudación de fondos; en el caso de I9, de *Mi mundo Rett*.

La consecución de éxito en el seguimiento y la conversión de las personas con EPF en influenciadoras digitales plantea otra cuestión relevante: los beneficiarios de ese éxito. El grupo debate sobre esta cuestión y sobre estos actores específicos. La cuestión está en saber si ese impacto beneficia a la persona o si se puede transferir ese impacto al colectivo a corto, a medio o a largo plazo. "Hay que distinguir entre persona y entidad", dice I6 hablando de esta cuestión. Preguntados los asistentes sobre si lo conseguido por uno es una oportunidad de beneficio para el colectivo, I6 se muestra dubitativa: "Claro, pero ¿para quién son [los beneficios]? Para la persona, o ella...".

Ciertamente, la financiación es un tema asociado a la visibilización que también tiene presencia en las intervenciones de los participantes en el grupo. Las iniciativas de las familias o de los grupos de pacientes no dan para el desarrollo de una investigación médica, pero sí sirven para "arrancar" (I9). Se habla de la consecución, tras mucho esfuerzo y mucha exposición, de cifras como 10000, 30000 o 50000 euros. Es este un detalle importante, sabiendo como sabemos, además, que la presencia de estas contribuciones es bien valorada a la hora de conseguir proyectos en convocatorias oficiales. El que se indique que el proyecto iniciado con estos fondos cedidos por los pacientes en relación al Síndrome de Rett sigue su camino es un indicador de la fuerza propulsora de la investigación médica en EPF que, al comienzo, pueden tener los pacientes. También en este punto hay que hacer referencia al sobreesfuerzo, ya que ni las colaboraciones empresariales (Nestlé dio poco dinero, según indica I3 y confirma M1) ni las colaboraciones particulares suelen ser muy intensas si hacemos caso a I2: "Pues con La Voz de Alejandra tenemos superpocas personas que colaboran". La comparación con la implicación en iniciativas relacionadas con la protección y el bienestar de los animales es llamativa, así como la mención a la no tan rara experiencia de tener a alguien con una enfermedad rara en tu propia familia: "¡Yo quiero muchísimo a los animales! Pero a lo mejor para salvar un gatito que se han encontrado en la calle y tal llama mucho más la atención a la gente y no le duele a la gente colaborar con eso. Y algo que no es solo para una persona es para la sociedad, yo a lo mejor cuando forme una familia yo también puedo tener un hijo con una enfermedad rara". Un aspecto complementario que habría que abordar sería el de la existencia o no de seguimiento directo de las personas afectadas con respecto a los proyectos de investigación que han puesto en marcha o para los que han aportado dinero. Ciertamente, hay que ser consciente, con todo, de que la investigación no es "un truco de magia" (I5), sino más bien "una apuesta" (I5), "una aventura" (I5). La incertidumbre siempre acecha la vida de las personas con EPF.

3.2. La búsqueda de nuevas comunidades en las que enredarse

Uno de los procesos comunicativos más importantes, en nuestra opinión, es el de sobrepasar los límites de mayor proximidad y proyectar la presencia hacia círculos más amplios. Este proceso permite diseñar un marco con una posible mayor incidencia social, económica, médica y política. Un ejemplo significativo lo ofrece I9, que recuerda que, cuando inició su participación en carreras populares, participó en foros relacionados con este tema y pudo dar a conocer la exitosa iniciativa "Empujando el carro". Es decir, sumó a su proyecto "el círculo social de las carreras"; así lo dice. La imagen del círculo que va creando nuevas comunidades es muy importante en el debate social (Bañón y Asencio, 2023). Nos parece oportuno mencionar que, durante el desarrollo del grupo de discusión, I4 se equivoca al denominar esa iniciativa como "Yo me subo al carro", cosa que sirve a I9 para bromear. Ahora bien, el desconocimiento de los nombres que identifican las acciones de quienes comparten ese día el grupo es indicador de distanciamiento con respecto a iniciativas afines dentro del movimiento asociativo de EPF. Claro que cualquiera puede equivocarse.

La participante número siete es la que más defiende la búsqueda de nuevas comunidades y la vinculación a ellas. Llama la atención su manera de decirlo: "Entonces ahí políticamente pues intento, utilizando enfermedades raras, unirlo todo (*gesticula unión con sus manos, I5 sonríe*) sin que se note". La pregunta que inmediatamente nos hacemos es la siguiente: ¿por qué no quiere que se note? Sin duda, es una excelente manera de presentarnos, de forma implícita, un hecho cierto: la posible existencia de celos y de recelos entre distintos grupos supuestamente afines en la causa que se defiende: la salud y la defensa de las personas con discapacidad o con alguna patología poco frecuente. Este grupo de discusión es muy interesante también por las cosas que se presentan o que se insinúan, aunque no haya tiempo o predisposición para un desarrollo posterior. La sonrisa de I5 ante esta declaración indica conocimiento no solo de lo que se dice, sino también de lo que se quiere decir.

I7 está adscrita a grupos más amplios relacionados con las EPF (menciona de hecho a FEDER) y también con la discapacidad (habla del CERMI de la Comunidad Valencia, por ejemplo). Ella misma tiene una lesión medular y eso le permite tener una mirada más transversal, aunque respeta a quienes prefieren desarrollar un trabajo más individual. La expresión "a su manera, a su historia" parece trasladar, en cualquier caso, una cierta crítica. La estructura sintáctico-progresiva trimembre ("no sólo", "sino también"; "incluso") alrededor del verbo "compartir" es la derivada de sus varias adscripciones, de su "visión muy amplia" y de su reflejo en las redes: "Compartimos, intentamos compartir todos los temas de investigación no sólo de X-frágil, sino de cualquier enfermedad rara; incluso también de discapacidad (*se señala así misma*)". Y añade: "Yo, que estoy muy metida en el mundo asociativo y federación y tal (*pauta con sus manos*), creo que ahí hay un trabajo muy grande, una seriedad y un trabajo de mucho colectivo con mucho trabajo muy hecho". La presencia de intensificadores continuos en esta declaración ("muy" en tres ocasiones y "mucho" en dos) es la prueba de que valora muy positivamente, pues, las iniciativas colectivas. I4 recuerda la internacionalización como elemento muy positivo del trabajo en la Red: "Y desde ese momento y gracias a la web, hemos estado en Buenos Aires, en Boston, en Perú, en Méjico; en un buen número de lugares" (I4).

En términos más coloquiales, indica I4 que se trata de "abrirse a otros colectivos" y la propia I7 indicaba que lo importante era "abrirnos a todo el mundo" (I7). Por su parte, I2 utiliza una expresión que nos parece especialmente creativa y reveladora de lo que supone hacer pensando en los demás: la "voz que hace voz", para aludir al colectivo de personas con síndrome de Angelman. En verdad, esta tarea colectiva sirve, igualmente, para proporcionar consejos a otras personas afectadas, con o sin diagnóstico. No es casualidad que se asuma, por parte de alguno de los invitados, una función relacionada con el discurso de gestión sanitaria a la hora de hablar de estas actuaciones: "derivar". De hecho, I8 dice esto: "Haciéndonos preguntas y nosotros lo que hemos hecho para derivarlos en su propio país y lo hacemos las familias y lo hacemos nosotros. Y sobre todo personas que no tienen diagnóstico, pero sospechan que su hijo, su hija puede tener un síndrome". La asunción de léxico procedente de otros ámbitos es también una prueba de visión más amplia de la realidad y de aceptación de nuevas responsabilidades en un mundo tan complejo como el de las EPF. El consejo, el asesoramiento, además, cumple con una función aparentemente complementaria, pero esencial, en realidad: evitar el sentimiento de soledad (I6).

La inexistencia de vínculos entre personas y comunidades que habrían de trabajar conjuntamente es, en todo caso, un tema complicado, lo que deja huella en la textualización concreta de las opiniones de los invitados al grupo. Observemos esta aportación de I3: "Eso lo hemos comentado muchas veces, pero yo creo que a mí me da la sensación desde el punto de vista mío que a veces vamos una parte de los científicos y por otra parte el público en general". Comienza con un intensificador (el referido a que es un tema muchas veces hablado), para seguir con una llamativa serie de atenuadores que tratan de evitar el conflicto o la interpretación de sus palabras como una crítica severa. Así, se atenúa la enunciación mediante tres fórmulas diferentes: "yo creo", "a mí me da la sensación" y "desde el punto de vista mío"; y el enunciado mediante el regulador temporal "a veces". Tal es el grado de sensibilidad hacia esta cuestión.

3.3. La brecha generacional

La brecha generacional tiene una doble interpretación cuando hablamos de redes sociales y de EPF. Por una parte, se trata de una brecha técnico-intuitiva que separa a las personas nacidas ya en una época en la que lo digital formaba parte de la formación esencial en las escuelas y de la comunicación en entornos familiares o de amistad. Esos dos grupos también son identificados explícitamente en el grupo de discusión: "Nosotros no hemos nacido con las redes; vosotros sí" (I7). Y más adelante: "Yo soy mucho más mayor y veo que vosotras os ponéis ahí con el Instagram" (I7). La participante selecciona, entre las opciones posibles (soy mayor / soy mucho mayor / soy más mayor / soy mucho más mayor), la última, la que más distancia unos grupos y otros. En el caso de los no nativos digitales, es algo más bien sobrevenido. No es casualidad que M1 hable de "bautismo en redes", en estos casos.

Hay quien cree que la inherencia de lo digital no asegura la comunicación relevante, ni mucho menos. De hecho, se alude, indirectamente, a la falta de concentración como una de las consecuencias del uso de las redes sociales entre los jóvenes: "Ahora hay un problema de concentración y es verdad, es que ahora los jóvenes somos, no sé si incluirme (*se señala a sí misma*). No somos capaces de estar viendo una peli de una hora y media sin haber cogido el móvil (*I7 a su derecha se ríe*)". En el caso de las enfermedades raras, la reflexión y el análisis no superficial de su realidad posiblemente pueda chocar con esta "mentalidad puzle" (Pindado, 2010) y de fragmentación comunicativa. De la misma manera, puede determinar la preferencia por lo visualmente impactante antes que por la mesura. Es una cuestión sobre la que habría que trabajar con más detalle: "M1: ¿Es lo mismo publicar *reel* en Instagram de una persona con una enfermedad rara que aparentemente no tiene nada frente a unos fenotipos mucho más aparentes? ¿Es una variable como para que tenga éxito esa publicación? -I2: Yo pienso que entra mucho en juego lo mucho o poco que te llame la atención. -M1: ¿lo visual? -I2: Sí". No queda claro en este intercambio si hay una crítica por parte de los participantes a esos usos llamativos o si, en el fondo y por necesidad, el fin justifica los medios.

Por otra parte, y esto es muy interesante, también es una brecha emocional que los jóvenes parecen proyectar con más naturalidad y con más intensidad en las redes que quienes siguen encontrando las herramientas digitales como algo exógeno a su formación y a su experiencia básica: "Las personas más jóvenes están acostumbradas al aporte emocional" (M1). Esa emotividad también se proyecta sobre el concepto de intimidad del que antes hablábamos: "Como que el concepto de intimidad que podemos tener nosotros como sociedad no tenemos nada que ver con el concepto de intimidad que tienen ahora" (I3).

Llevamos mucho tiempo, en verdad, hablando de personas nativas digitales. En el intercambio de mensajes, I9 propone una idea que consideramos trascendente: la familia nativa digital. Lo dice de la siguiente manera: "una familia que haya nacido hoy día con las redes sociales de hoy día". La fuerza de la estructura temporal de dos elementos, que además se repite en un corto espacio, ancla deícticamente la distancia entre una y otra generación, o, más bien, entre unas y otras generaciones. Es posible que falten puentes intergeneracionales que permitiesen abordar las reivindicaciones en redes de las personas con EPF y de sus colectivos de una manera más sólida y rentable. Y eso también pasaría por reconocer el valor innovador de los primeros promotores de iniciativas y de su consideración como auténticos "pioneros" (I9). Esto equilibraría lo técnico y lo histórico.

3.4. La dura competencia por el interés público

Vivimos tiempos de saturación discursiva. Se puede apreciar especialmente en redes sociales. "Hay mucho", dice I9. Y, en otro momento, añade: "Hay mucho ruido". El discurso, pues, se ha convertido en ruido; es decir, en antidiscurso. I1, por su parte, indica que "no te da tiempo de tanto volumen". El ritmo de acción y reacción comunicativas puede llegar a ser trepidante: "Ahora mismo en Instagram yo puedo dar 100 *likes* en 30 segundos" (I9). Una de las consecuencias es la presencia insistente de las mismas personas y la generación de aburrimiento; I7 lo atenúa diciendo "aburren un poco". Otra consecuencia es que resulta muy difícil competir por un espacio que interese a un colectivo lo suficientemente numeroso o influyente para que tus propuestas lleguen a los destinatarios adecuados: "Es difícil llamar la atención" (I9); "Es muy difícil hacerte viral y que la gente se interese en ti" (I2).

Ambas consecuencias aparecen juntas en esta declaración de I4: "Hay un punto de monotonía; es decir, te tiene que interesar esa persona o lo que cuenta, porque las fotos tienen los mismos filtros, el montaje es igual, la calidad de audio sabéis que en general va a tener... Entonces, creo que en general se [está] monotonizando mucho, porque hay mucho. Entonces, me parece que falta un poquito de esa renovación". Necesitamos pensar con detenimiento qué significa, para el caso concreto de las EPF, renovar en redes. En general, hay que renovar toda la comunicación sobre EPF, después de transcurridos unos años en los que se ha conseguido mucho, pero es posible que el mensaje reivindicativo y de colaboración se haya, en general, estancado. Para esa renovación, todos los actores sociales implicados tendrían que generar foros y espacios de reflexión específica sobre un elemento clave discutido en el seno del grupo: la narrativa. Para competir en la esfera digital "lo importante es cómo se cuenta esa cuestión" (I4), "el enfoque y la manera en la que tú presentes" (I4). Poco más adelante, la misma persona también incluye en la narrativa la forma en la que "creas el contexto" en las redes. Es esta una valiosa aportación. Y en esa nueva manera de narrar sobre la que, insistimos, habría que pensar, la terminología y la argumentación ocuparían un papel relevante; mucho más del que se le ha concedido en la actualidad por parte de los representantes de las asociaciones y federaciones de pacientes. Y de los pacientes mismos. Sobre la terminología habla I7 en varias ocasiones. Sobre argumentación, no se habla.

Una forma de competir es buscar aliados conocidos o prestigiados. En las casi dos horas de conversación en el seno del grupo focal encontramos menciones a Lionel Messi y a su apoyo a las personas con el síndrome de X Frágil: "Messi mete un gol y en la camiseta, se quita la camiseta y llevaba la camiseta de X-Frágil. Pues bueno, en ese momento empezaron a llamar a la asociación de Cataluña y de toda España y a mí todo el mundo me dice—¡ah, lo de Messi! Fijaos el impacto que puede tener el fútbol" (I7). "Lo de Messi" es un elemento clave en esta pequeña narración. Es una suerte de metonimia según la cual la parte (exógena en este caso a las EPF) se convierte en el todo. En menor medida ocurrió con el cantante Manuel Carrasco y su compromiso con una persona concreta (no tanto con una patología o con un colectivo determinado). Se trataba de Elena Huelva: "Cuando ella murió, Manuel Carrasco (...) cuando canta *La mujer valiente* le ponía su cara y, a través de eso, ha generado un montón para el linfoma de Hodgkin" (I8). De alguna manera, también estaríamos hablando de una metonimia, como lo haríamos si observamos otra forma de competir: ser afectado e influenciador al mismo tiempo. Es lo que también decíamos en el apartado de visibilidad. Ocurre con Noah Higon. Los eventos que ella apoya pueden pasar a llevar, extraoficialmente, su nombre: "Quiero tres dorsales, y me dicen 'lo puedes hacer aquí en Hipercor en deportes'. Entonces me dice 'sí, esto es lo de Noah Higon'. Es decir, ya no era la San Silvestre" (I7).

Igual que se decía "lo de Messi", ahora se dice "lo de Noah". Confirmamos que el uso contextualizado del neutro puede ser más relevante de lo que las gramáticas tradicionales parecen estar dispuestas a recoger.

Otras vinculaciones de personas e instituciones famosas son menos intensas, pero valoradas positivamente de igual forma. Se menciona, por ejemplo, a la actriz Carolina Cerezuela. También al Valencia C.F. (de nuevo el fútbol) y a empresas conocidas, como la citada Nestlé o Cola Cao. El grado de altruismo puede ser mayor o puede ser menor: "Grandes empresas también dan mucha visibilidad porque, claro, ellos son los primeros que les interesa que su contrato esté en todos los sitios posibles" (I5). De alguna manera, estos apoyos, que funcionan como portavoces, en unos casos, y como altavoces, en otros, pueden formar parte del "efecto palanca" al que aludía I4. Pero no es fácil llegar a estos actores, ni mucho menos: "Cuando eres un don nadie nadie, no sé si me explico, ni el Valencia, ni el Levante ni nadie se fija en ti, no sé si me explico" (I9). Ser un don nadie refleja muy bien el débil punto de partida y el sobreesfuerzo que conlleva la competición digital. Si I9 insiste en si se explica no es porque piense que no se explica, ni mucho menos.

3.5. La desinformación sobre EPF en redes sociales

Desinformar es transmitir información engañosa o falsa con la intención de conseguir un beneficio personal o colectivo en el caso de que sea creída como completa y verdadera por parte de otros. Si se cree el mensaje recibido, los destinatarios pueden convertirse luego en promotores de esa misma desinformación. Es el eco de la desinformación. La deconstrucción de esta consiste en denunciar el intento de manipulación y presentar alternativas informativas veraces y no únicamente verosímiles. Todo este recorrido, en mayor o menor medida, está presente en los discursos de los participantes en el grupo.

Hay que comenzar reconociendo una evidencia: hay información buena y mala en las redes (I3), porque se "puede mostrar ficción o realidad" (I9). El orden de las palabras, en esta ocasión, es relevante. Tal vez también algo tenga que ver en la desinformación sobre enfermedades poco frecuentes el hecho de que haya en estas una "implicación más emotiva" de lo que pudiera ocurrir en los medios tradicionales, según opina M1. La valoración negativa de la información aparece a través de su calificación como "no contrastada" (I3). En un momento concreto, uno de los profesionales invitados al grupo indica que esa falta de contraste se observa, a veces, incluso en los mensajes y documentos hechos públicos en las redes por profesionales sanitarios: "Hay personal médico que crean vídeos, el otro día me llegaron unos videos de una compañera de Madrid, y la información que da es nefasta. ¡Científicamente es horrible! Suelta muchos bulos y es que dices es que es peligroso que se suelte ese tipo de información porque no hay un filtro (I1)". Es una inversión de los términos esperados con respecto a qué tipo de actores habría que filtrar y genera una notable incertidumbre entre los asistentes al grupo.

Otro elemento que puede generar un uso interesado y no claramente justificado de la información sobre EPF es la publicidad (oculta o encubierta de alguna manera). Los propios influenciadores pueden llegar a ser partícipes de esta realidad, según I1, que alude específicamente a la red YouTube. Por otra parte, todos los participantes en el grupo creen que sí es bienvenido el dinero de la publicidad para generar proyectos de investigación; de hecho, una de las respuestas está triplemente intensificada: mediante el tono, mediante su sufijo superlativo y mediante la base léxico-semántica misma ("seguro"): "¡Segurísimo!". La publicidad y la investigación, en general, habrá de ser objeto de debate en un futuro próximo, sin duda.

Las expresiones más contundentes llegan por parte de I1 y de I9. El primero afirma que en redes "hoy día hay un gran volumen de información que es basura". El segundo cree que muchas publicaciones "son pura basura".

4. A MODO DE CONCLUSIÓN

Las redes sociales no pueden ser objeto de una valoración única y general. Se trata de un objeto poliédrico y las propuestas valorativas, como no podría ser de otra forma, expresan esa complejidad. De hecho, los participantes en el grupo focal identificamos muestras de entusiasmo, de satisfacción y de reconocimiento, según los casos, cuando se trata de asumir la fuerza visibilizadora de las redes. Pero también hemos detectado ejemplos de recelo, insatisfacción y hasta de rechazo cuando se trata de valorar la información que circula, la rentabilidad económica, la dedicación requerida y, muy especialmente, cuando nos detenemos en la consecuencia de esa fuerza visibilizadora anteriormente mencionada: el precio que hay que pagar en términos de pérdida de intimidad. No olvidemos que estamos ante un tema especialmente sensible desde el punto de vista social y también personal.

REFERENCIAS

ALBALADEJO, T., "Accesibilidad y recepción en el discurso digital: la galaxia de los discursos desde el análisis interdiscursivo", en *Un nuevo léxico en la Red*, Vodafone / Dykinson / Universidad Rey Juan Carlos I, Madrid, 2010, pp. 15-28.

ALBALADEJO, T., "Retórica política y comunicación digital. La ampliación de la poliacroasis", en *Retórica y Política. Los discursos de la construcción de la sociedad*, Gobierno de La Rioja, Logrono, 2012, pp. 49-68.

ARMAYONES, M.; REQUENA, S.; GÓMEZ-ZÚÑIGA, B.; POUSADA, M. y BAÑÓN, A. M., "El uso de Facebook en asociaciones españolas de enfermedades raras: ¿cómo y para qué lo utilizan?", *Gaceta Sanitaria*, 29 (5), 2015, 335-340.

BAÑÓN, A. M., "Construcción destructiva y agresividad verbal en la Red: notas en torno al discurso sobre las enfermedades raras", *Discurso & Sociedad*, 4 (4), 2010, 649-673.

BAÑÓN, A. M., "Los modelos de interacción entre médico y paciente. Descripción y aplicación al contexto de las enfermedades poco frecuentes, *Oralia*, 20, 2017, 13-43.

BAÑÓN, A. M. y ASENCIO, A., "Actores y comunidades de debate social", *Lengua y Sociedad*, 22(1), 2023, 169-198.

BAÑÓN, A. M. y SÁNCHEZ PÉREZ, R., "Interacciones en contexto clínicos. El ejemplo del trasplante a partir de la donación en asistolia controlada", en

Lingüística clínica en el ámbito hispánico: un panorama de estudios, Peter Lang, Berlín, 2023, pp. 319-351.

CHUN, B. y LEUNG, H., "Impoliteness in Facebook Status Updates: strategic talk among colleagues 'ouside' the workplace", *Text & Talk*, 34 (2), 2014, 165-185.

IBÁÑEZ, J., "El grupo de discusión: fundamento metodológico y legitimación epistemológica", en *El pluralismo metodológico en la investigación social*, Universidad de Granada, Granada, 1991, pp. 53-82.

KRUEGER, R.A., *El grupo de discusión, Guía práctica para la investigación aplicada*, Pirámide, Madrid, 1991.

MANCERA, A. y PANO, A., *El discurso político en Twitter. Análisis de mensajes que "trinan"*, Anthropos, Madrid, 2013.

MONTECINO, L., "Cortesía y modalización en un foro de opinión de Internet", *Onomazein*, 8, 2003, 73-98.

PINDADO, J., "Recomponer la 'mente puzle'. La necesidad de una alfabetización mediática", *Telos*, 83, 2010, 1-7.

SÁNCHEZ, S. y MERCADO, M. T., "Sufro una grave enfermedad rara: reto a cantar y hacer coreografías en TikTok", *Profesional de la información*, 30 (4), 2021, e300414.

SOLVES, J.; ARCOS, J. M.; PÁRAMO, L.; SÁNCHEZ, S.; y RIUS, I., *Estudio sobre situación de Necesidades Sociosanitarias de las personas con Enfermedades Raras en España. Estudio ENSERio: datos 2016-2017*, Federación Española de Enfermedades Raras, Madrid, 2018.

SOLVES, J. y BAÑÓN, A. M. (Coords.), *Medios de comunicación y enfermedades poco frecuentes. Informe 2012*. Diego Marín Editor, Murcia, 2014.

SUBIRATS, L.; REGUERA, N.; BAÑÓN, A. M.; GÓMEZ-ZÚÑIGA, B.; MINGUILLÓN, J. y ARMAYONES, M., "Mining Facebook data of people with rare diseases: A content-based and temporal analysis", *International Journal of Environmental Research and Public Health*, 15 (9), 2018, 1877.

Redes sociales, capital social y enfermedades raras. El diseño persuasivo del contenido testimonial

Victoria Tur-Viñes
Universidad de Alicante
victoria.tur@gcloud.ua.es

1. INTRODUCCIÓN

Las redes sociales son espacios de intercambio comunicativo basado en la influencia. La proliferación de prácticas diversas y sofisticadas ha hecho de las redes sociales un foco de innovación de nuevas tendencias comunicativas donde los individuos se expresan con amplia creatividad para persuadir y convencer a otros de que se incorporen a su comunidad de seguidores construyendo una suerte de valioso capital social.

Cuando las redes sociales interseccionan con un ámbito tan específico como las enfermedades raras (ER, en adelante), la comunicación se orienta a propósitos inusitados. Médicos, pacientes, familiares, asociaciones, laboratorios farmacéuticos, entre otros, utilizan las redes sociales con intereses distintos, a veces complementarios entre sí.

Las familias con ER tienen necesidades específicas de carácter asistencial, económico, emocional y social. La dificultad en el diagnóstico y el amplio espectro de patologías explican que solo el 85% de casos tengan diagnóstico confirmado y la mitad lo obtengan en un plazo promedio superior a un año, siendo peor la situación de quienes son menores en comparación con adultos

(Giménez-Lozano et al., 2022). Los pacientes y sus familias encuentran en las redes sociales un espacio donde informarse, relacionarse y visibilizar su situación. Los médicos y otros actores involucrados también utilizan las redes sociales como estrategia de *branding* personal o espacio de influencia.

En el amplio abanico de prácticas identificables, el formato testimonial puede reunir una serie de características potenciadoras de la interacción en el entorno de comunicación social de las ER. Dada la invisibilidad y desatención que rodean los casos de ER, estudiar qué se comunica (contenidos), cómo se comunica (formatos y prácticas) y con qué resultados (interacción generada) puede contribuir a entender y mejorar la gestión de las redes sociales en estos casos. Identificar las estrategias persuasivas del contenido testimonial no solo es revelador o útil para los agentes involucrados. También puede tener un efecto preventivo en nuevos casos de ER y un efecto positivo, en forma de capital social, en quienes están afectados. Proponemos estudiar su prevalencia, sus características y la interacción derivada.

Este estudio se enmarca en un proyecto más amplio, titulado "Identificación de las necesidades sociosanitarias de pacientes con enfermedades raras: procesamiento del flujo comunicativo en redes sociales" financiado por la Generalitat Valenciana en la convocatoria de subvenciones a grupos de investigación consolidados (AICO/2023) con referencia CIAICO/2022/188 cuyos investigadores principales son Sebastián Sánchez Castillo y Eulalia Alonso Iglesias.

2. EL CAPITAL SOCIAL

Antes de que existieran las redes sociales digitales, la sociología ya había abordado el estudio del capital social. Como señala Levi (1996), el capital social no son redes sociales, pero sin redes sociales no hay capital social, añadiendo que el capital social no siempre produce beneficios, sino que también podría crear perjuicios.

La primera red social digital fue SixDegrees y surgió en 1997, en los comienzos de la expansión de internet, más allá del experimento militar que dio origen a la red de redes. Esta red social acabó su recorrido en 2001, dando paso a otras iniciativas como Friendster, que se creó en 2002 como una red social para amantes de los videojuegos, o MySpace y LinkedIn (2003), como recuerda Fraguela (2024).

Antes, desde la economía y la sociología se había abordado el estudio del capital social. Bourdieu (1980) diferenció tres tipos de capital en su teoría de las trayectorias sociales: el capital económico, el capital social y el capital cultural. Se trata de una consideración del concepto con marcado carácter estructural, incipiente e implícito, que posteriormente tuvo un desarrollo mayor en los estudios de Hanifan (1916) quien lo define como:

> "aquellos elementos intangibles que cuentan más que cualquier otra cosa en la vida cotidiana de las personas: la buena voluntad, la amistad, la simpatía, la participación y las relaciones sociales entre quienes constituyen una unidad social. Si una persona entra en contacto con sus vecinos, y éstos con otros vecinos, se determina una acumulación de capital social que puede satisfacer inmediatamente las necesidades sociales individuales y que puede aportar una potencialidad social suficiente para el sustancial mejoramiento de las condiciones de vida de toda la comunidad" (p. 130).

Dos aspectos del capital social son especialmente destacables, en opinión de García-Valdecasas-Medina (2011). Por un lado, el potencial informativo que fluye por las redes sociales y, por otro, las obligaciones de reciprocidad derivadas de las relaciones de confianza entretejidas en las redes sociales. Información y relaciones se convierten en aliados necesarios para comprender el concepto de capital social.

Este concepto permite cuantificar la sociabilidad de un conjunto humano y aquellos aspectos que explican la colaboración y el uso, por parte de los actores individuales, de las oportunidades que surgen en esas relaciones sociales. Una sociabilidad (Grimaldi-Rey & Cardenal-de-la-Nuez, 2006) entendida como la capacidad para realizar trabajo conjunto, colaborar y llevar a cabo algún tipo de acción colectiva. No obstante, el fenómeno que podemos observar en internet tiene sentido como fin en sí mismo, aunque, con frecuencia, no llegue al activismo.

Entre los posible perjuicios que podrían derivarse del capital social, Levi (1996) identifica el reduccionismo económico (el capital social tiende a reducir todas las interacciones sociales a términos económicos), las desigualdades estructurales (puede perpetuar o incluso exacerbar las desigualdades sociales porque las comunidades tienden a ser homogéneas y excluyen a los no pertenecientes), el romanticismo de la comunidad (la idealización subyacente ignora los conflictos, las jerarquías y las dinámicas de poder existentes), las limitaciones en la acción colectiva (dificultan la cooperación con otros grupos imposibilitando el cambio social de calado) y la instrumentalización de las relaciones (concebir a las personas como meros medios para obtener beneficios de todo tipo, alejándose de la debida ética).

Cualquier espacio social es capaz de otorgar beneficios o perjuicios dentro de su enorme complejidad. Parece conveniente tener ambos en cuenta cuando se pretende realizar un abordaje con rigor científico. El uso y comportamiento que las personas hagan de ese espacio, desde su indiscutible libertad, determinará el carácter positivo o negativo de la experiencia resultante. La especial sensibilidad que caracteriza a los públicos afectados e involucrados en las ER, hace pertinente moderar la idealización de estos espacios para poder atender riesgos potenciales evitables que podrían agravar las patologías de origen de forma indeseada.

3. USO DE REDES SOCIALES PARA LA SALUD

Los medios sociales son espacios de conversación democratizados al servicio de la ciudadanía. Su uso en temas de salud es especialmente delicado.

Las redes sociales, en opinión de De la Peña y Quintanilla (2015), además de ser potentes espacios de comunicación, pueden convertirse en soporte social (comunidad virtual proveedora de capital social) y funcionar como catalizadores frente a los comportamientos relacionados con la salud. Las personas pueden encontrar aliento, respuestas a preguntas específicas relacionadas con la salud y un lugar en el que compartir sus historias de éxito que, también, pueden motivar a otros a alcanzar objetivos similares.

Las funciones que aportan las redes sociales a los usuarios que se han podido medir y cuantificar son variadas, como precisan Chuang & Yang (2013). La primera de ellas es el capital social (normas de reciprocidad y confianza social), la segunda sería la influencia social (se sustituyen los pensamientos y acciones propios por los de otros), la tercera consiste en el socavamiento social (expresión de afecto negativo o crítica que frenan, obstaculizan o siembran la duda/discordia); la cuarta es el compañerismo (compartir actividades con otros) y, por último, el apoyo social (intercambio de ayuda y asistencia).

En el ámbito de la salud, el apoyo social puede ostentar una relevancia especial y positiva, a priori. Quien provee apoyo social lo dispensa para que sea útil, distanciándose así de las interacciones negativas intencionales (por ejemplo, comportamientos de socavamiento social como críticas enojadas, discurso de odio u hostigamiento).

Los trabajos de House (1981) son recogidos como una referencia seminal por Heaney & Israel (2008) en su revisión de la metodología y medida de indicadores de apoyo social en las redes. House identifica **cuatro tipos diferentes de apoyo social**, entendido como contenido funcional de las interacciones:

1. El **apoyo emocional** implica la provisión de empatía, amor, confianza y cuidado.

2. El **apoyo instrumental** implica la provisión de ayuda tangible y servicios que ayudan directamente a una persona necesitada.

3. El **apoyo informativo** es la provisión de consejos, sugerencias e información que una persona puede usar para abordar problemas.

4. El **apoyo de evaluación** implica la provisión de información que es útil para la autoevaluación (retroalimentación constructiva y afirmación).

En la práctica, los cuatro tipos presentan alguna interdependencia y su investigación diferenciada aplicada resulta difícil.

Investigaciones relacionadas con el uso de las redes sociales para la salud (Heaney & Israel, 2008, Liang & Scammon, 2011, Berger & Buechel, 2012; Woolley & Peterson, 2012) revelan que proporcionan apoyo y orientación social y emocional; también, facilitan las intervenciones de cambio de comportamiento, al conectar las personas y sensibilizarlas sobre los temas relacionados con la salud. Las personas tienen necesidad de compartir con los demás sus experiencias emocionales: temores y dudas sobre la salud. Compartir esas emociones puede proporcionar beneficios inmediatos aumentando el bienestar personal, a partir de la percepción de apoyo social (Berger & Buechel, 2012).

4. LA INFLUENCIA EN LOS ESPACIOS DIGITALES DONDE SE HABLA DE ENFERMEDADES RARAS

Existe cierta literatura científica que se ha interesado por el uso de las redes sociales, en el caso de las enfermedades raras, con hallazgos reveladores.

Las redes sociales pueden ser un recurso valioso para los pacientes y sus familias, proporcionando información sobre diagnóstico, tratamiento y apoyo, según De Oliveira Lima et al. (2023). Suponen una ayuda para las familias de niños con enfermedades raras para acceder a la información, aumentar sus conocimientos y establecer relaciones con otras personas que pasan por una experiencia similar.

En términos de socialización, Tsai (2017) exploró el papel de las redes sociales en la prestación de apoyo a los pacientes con enfermedades raras descubriendo que las redes sociales pueden ayudar a los pacientes a crear capital social, lo que puede mejorar los resultados sanitarios y la calidad de vida. La importancia del capital social no solo reside en las relaciones sociales que se originan sino en la estructura de la red en la que se adscriben. Su funcionamiento permite alcanzar objetivos que, individualmente, no serían posibles.

En relación con los distintos actores que en redes sociales hablan de enfermedades raras, Seco-Sauces y Ruiz-Callado (2020) demuestran que las asociaciones de pacientes con enfermedades raras tienen una mayor presencia y actividad en las redes sociales que las propias organizaciones sanitarias. Destacan la capacidad de las redes sociales para aumentar la eficacia de las interacciones de las asociaciones con sus miembros, entendida como mayor calidad de la atención y participación de público. El apoyo de las redes sociales permite hablar de una "Medicina 2.0" porque son facilitadoras tanto de la comunicación como del intercambio de información entre pacientes, familiares y profesionales de la salud.

En el caso de las enfermedades genéticas raras, Miller, Woodward, Flinchum, Young, Tabor & Halley (2021) publicaron una revisión sistemática de estudios que abordaban el modo en que se utilizan las redes sociales y el perfil de los participantes. Concluyeron que la aproximación metodológica prevalente de los estudios analizados era el método observacional (n=114, 95%) o la triangulación (n=107, 89,2%) y la encuesta estaba presente en más de la mitad (n=60, 57.5%). En cuanto al perfil de los participantes en redes sociales, las mujeres tenían más peso (70%) así como los adultos de etnia blanca y personal cuidador (85%). Surge una pregunta de investigación relacionada con el género de los propietarios de perfil: ¿existen diferencias de género en los perfiles sociales que abordan las enfermedades raras con formato testimonial?

5. EL TESTIMONIAL

Los contenidos que encontramos en las redes sociales que hablan de ER son diversos, en contenido y forma. El testimonial destaca, a priori, por su carga emocional y su poder de adhesión. El testimonial, formato y/o género narrativo, permite a un testigo dar testimonio. Etimológicamente implica atestiguar, dar pruebas de algo.

El principal valor diferencial del testimonial es su punto de partida: un hecho documentado y narrado por un testigo directo. Se le atribuye, por ello, una gran veracidad. Suscita credibilidad atribuible tanto a la fuente como al propio contenido y ostenta la capacidad de provocar discusión y estimular la reflexión de otros. Los testimonios reflejan una realidad relatada por una fuente directa, entendida ésta como experiencia que puede aportar evidencia individual o colectiva (compilación). El conocimiento de los hechos relatados por parte del autor del testimonio es una condición inherente. El autor del testimonio puede ser el participante, actor principal o secundario en el hecho relatado o, simplemente, un intermediario que facilite la llegada del contenido a la audiencia.

Ponce-de-León-Villafuerte y Ferrán-Fernández advierten del enorme potencial persuasivo y sensibilizador que ha demostrado el testimonial históricamente, y denuncian su infrautilización:

> "El tratamiento mediático y público en términos de salud, ha sido persistentemente fidedigno y respetuoso con la sociedad. En temas como el cáncer, donde aún en las propias instituciones hospitalarias es un tema tabú, este abordaje se proyecta en extremo conservador al tiempo que centralizado, con un lenguaje que no es todo lo directo que debiera ser, donde no se explotan los materiales testimoniales e historias de vida, lo que dificulta comprender por parte de los sujetos la dimensión de tal enfermedad y la asunción de un cambio de actitud ante la misma" (Ponce-de-León-Villafuerte y Ferrán-Fernández, 2016:82).

Para el estudio que planteamos formulamos las siguientes preguntas: ¿qué prevalencia tiene el formato testimonial en la muestra? ¿la interacción provocada por el testimonial es mayor? ¿sentimentalmente más positiva? ¿qué tipo de red social, perfil y ER utiliza más el testimonial?

5.1. La efectividad del testimonio

En el ámbito del marketing y la publicidad, los testimonios se perciben como una forma de construir credibilidad, según han demostrado Ruhamak, Vitasmoro & Rahmadi (2018). Utilizados como formato para las promociones de marca en redes sociales consiguen influir en el comportamiento del consumidor porque vehiculan la información sobre productos, conectando a clientes con iguales intereses. La conversación social derivada permite a los consumidores influir en otros que otorgan especial confianza a los comentarios e impresiones derivados de la experiencia individual de consumo.

La personalización de los testimonios es fundamental para su efectividad. Los buenos testimonios deben evitar clichés y frases ambiguas, centrándose en lo específico del caso. El uso de estadísticas, relatos detallados sobre cómo se resuelven problemas específicos y la inclusión de imágenes antes/después son formas efectivas de personalizar los testimonios y hacer que los lectores se identifiquen con las historias, en opinión de Licari (s.f.). Ese es el uso habitual que realizan los perfiles de usuario institucional, profesional o mediáticos. Conocer los indicadores que evalúan su eficacia puede ser extrapolable al uso que hacen perfiles más *amateurs* de particulares o pacientes.

Bravo-Sánchez (s.f.) asegura que la efectividad de un testimonio parece depender de los siguientes factores, as: **autenticidad** (genera empatía natural); **brevedad** (2/3 párrafos máximo para no perder atención); **especificidad** (evitar generalidades o frases vacías; usar cifras o detalles convincentes); **singularidad** (aportar imágenes antes/después u otras con significado o valor para hacerlo memorable); y **conversacional** (sin tecnicismos, fáciles de entender y compartibles en el medio social). En suma, los testimoniales pueden ser potentes transmisores de credibilidad, confianza y prueba social en el contexto de salud.

Formulamos una nueva pregunta de investigación: ¿se identifican estas características en los testimoniales analizados?

Pero el testimonial también tiene sus limitaciones. Si alguien ya es consumidor de un producto y está familiarizado, la recepción de testimoniales de otros puede ser contraproducente (Tucker & Yu, 2017). Los testimoniales parecen ser más efectivos en los nuevos consumidores, sin opinión formada.

La conversación social sobre enfermedades habilita la desestigmatización de la misma y de las personas afectadas por ella. Lerner, Soares-de-Araujo, Aguiar y Protasio (2020) identifican un modo específico de hablar y presentar la enfermedad, marcado por la narrativa testimonial, la cual permite desvelar aspectos antes invisibilizados por los medios tradicionales. La narrativa es así resignificada y circula nuevamente como voz alternativa a las voces sanitarias autorizadas. En el caso del cáncer, objeto de su estudio, ponen como ejemplo la compartición, en sus múltiples sentidos, de eventos cotidianos ajenos a los no pacientes (*sesión de quimioterapia,*

caída de pelos, rapado de la cabeza para evitar este proceso, "té de pañuelos").
En este sentido, afirman, el testimonial revela rutinas y aporta naturalidad:

> "Bajo la forma de diarios virtuales (blogs), sitios, videos en YouTube, fotos en
> Instagram y demás formas de interacción virtual producidas por los indivi-
> duos implicados en la enfermedad, se permite el surgimiento de comunidades
> de sufridores que reconfiguraron antiguas prácticas y relaciones de autoridad
> y que arrogan para sí el derecho de nombrar, calificar y explicar públicamente
> lo que se vive" (Lerner, Soares-de-Araujo, Aguiar y Protasio, 2020:381).

¿Predominan las rutinas cotidianas de la enfermedad en los testimoniales
de perfiles de pacientes analizados? Surge una nueva pregunta de investigación.

6. EVALUACIÓN DE LA CALIDAD DE LA INFORMACIÓN

Por sí sola, la evaluación cualitativa de los contenidos sociales podría
representar una línea de investigación futura específica. Los contenidos
relacionados con temas de salud tienen una responsabilidad de la que
carecen otros temas. No se han encontrado estudios específicos sobre la
evaluación de la calidad de la información en las redes sociales de ER. Sin
embargo, Núñez-Gudas (2002) propone unos criterios para la evaluación
de la calidad de las fuentes de información sobre salud en los sitios web. Su
propuesta puede servir de referencia para el estudio aplicado en los perfiles
sociales de ER, donde convendría indagar los siguientes aspectos cualitativos:

1. **Exactitud.** Concisión y grado de detalle de la información. ¿Qué
   tipo de datos se aportan? ¿Se puede considerar científico el contenido? Determinar si están evaluados los enlaces, si se cita correctamente la información.

2. **Cualificación de la autoría.** ¿Quién publica el documento? ¿Está
   cualificado? ¿Qué institución lo publica? ¿Dónde se publica en
   primer lugar?

3. **Objetividad.** ¿Qué propósitos u objetivos tiene? ¿Cómo se deta-
   lla la información? ¿Qué opiniones expresa el autor? ¿Por qué se
   publica el documento?

4. **Actualidad.** ¿Cuándo se realizó? ¿Cuándo se actualizó? ¿Se actualizan los enlaces con regularidad?

5. **Cobertura.** Distinguir si nos encontramos en una página gratuita o de pago. ¿A qué tipo de público está destinado? ¿Es inclusivo?

En el caso que nos ocupa indagaremos la presencia de estos cinco criterios en los contenidos testimoniales considerados con la formulación de las siguientes preguntas de investigación: ¿el contenido del testimonial es exacto, objetivo y actual? ¿la autoría está cualificada? ¿está diseñado para públicos específicos o masivos? ¿es inclusivo en términos de género o etnia?

7. RETOS Y CONSIDERACIONES DE LA INTERSECCIÓN REDES SOCIALES-ENFERMEDADES RARAS

Investigar las enfermedades raras en las redes sociales plantea una serie de consideraciones específicas que debemos tener cuenta en cualquier aproximación:

1. Disponibilidad limitada de datos sobre enfermedades raras. Las enfermedades raras se caracterizan por su baja prevalencia, lo que dificulta la obtención de muestras amplias y diversas para la investigación (Miller, Woodward, Flinchum, Young, Tabor, & Halley, 2021). Muchas enfermedades raras carecen de diagnósticos o tratamientos formales, lo que dificulta la identificación y reclutamiento de pacientes.

2. Consideraciones éticas. La privacidad y confidencialidad de los datos de los pacientes deben estar garantizadas porque son datos especialmente sensibles.

4. Limitaciones metodológicas. La escasez de casos de ER presenta un desafío metodológico y riesgos de sesgo en la selección de casos.

5. Acceso limitado a los servicios sanitarios. Los pacientes con enfermedades raras a menudo se enfrentan a un acceso limitado a los servicios sanitarios que puede afectar a su calidad de vida y a su comportamiento en redes sociales (Giménez-Lozano et al., 2022).

El objetivo de este estudio es localizar la conversación social sobre ER en español e indagar el uso del formato testimonial en las prácticas de los perfiles de pacientes, para obtener datos que permitan responder a las preguntas de investigación formuladas.

8. MÉTODO

Se combinó el análisis de datos cualitativo con otro de corte cuantitativo. El análisis cualitativo analizó el contenido de los testimonios para identificar patrones, temas recurrentes y sentimientos expresados. De este modo, se obtuvo información valiosa sobre la valencia emocional y la influencia de los testimonios en cada red social. Este análisis se complementa con otro de carácter cuantitativo con base en las métricas de interacción, alcance y participación en las redes sociales, para obtener una visión completa del impacto de los testimonios en la red.

La mixtura de ambos análisis ha sido defendida, entre otros, por Williams & Shepherd (2017) porque permite investigar con mayor amplitud la actividad en redes, considera diversos actores sociales, minimiza potenciales sesgos y favorece los estudios longitudinales. La complementariedad de ambas perspectivas también es pertinente en el caso que nos ocupa, como demuestran Nie, Waheed, Kasimon & Wan-Abas (2023) por la naturaleza interactiva y dinámica de las redes sociales que dificulta la identificación exhaustiva de todas las variables que influyen en las complejas interacciones sociales.

8.1 Procedimiento

Se habilitó un proceso de escucha social en las redes sociales Facebook, X e Instagram durante el periodo 01/01/2023-31/05/2023 mediante el acceso a los datos abiertos de las APIs de estas redes sociales. Para ello, y por necesidades técnicas, se creó una "ventana de escucha" desde el 21/11/2023 al 07/12/2023. Se buscaban los perfiles que mencionaran alguna de las 30 enfermedades raras que considera el estudio marco. De este modo se obtuvieron los usuarios, el número de *post* ER y el número total de *post* junto con su porcentaje en cada una de las redes mencionadas. Tras una depuración que corrigió errores detectados, se localizaron en Facebook 107 usuarios, en Instagram 268 y en X 329, un total de 704 usuarios. De estos 704 usuarios, finalmente los que publicaron algún *post* durante el periodo analizado fueron en Facebook 60, en Instagram 214 y en X 296, un total de 570 usuarios.

A continuación, se clasificó a los usuarios en una serie de categorías para diferenciar los usuarios institucionales de los medios de comunicación, los particulares y los profesionales. Este paso fue realizado de forma manual

Para el estudio que se propone en este texto, se escogieron los usuarios particulares con perfil personal de pacientes de una ER (ver tabla 1). Se asumió que la incidencia del formato testimonial en *post* sería mayor en este perfil.

Tabla 1. Población de usuarios con perfil personal paciente
en cada red social
(Elaboración propia)

PERFIL	Facebook				X				Instagram			
	usua-rios	*post* ER	*post* Tot	*post* %	usua-rios	*post* ER	*post* Tot	*post* %	usua-rios	*post* ER	*post* Tot	*Post* %
Personal paciente	2	1	628	0,16	18	56	4013	1,4	24	134	805	16,65

8.2 Muestra

El carácter exploratorio de este estudio permitió escoger Instagram por ser la red social con mayor número de usuarios del perfil estudiado y, también con el mayor número de *post* ER. De este modo, la muestra que se indica en la tabla 2 quedó configurada por 24 usuarios y 802 *post* testimoniales (*post* + comentarios generados) que representaban a más de 82 millones de seguidores. La selección fue manual, utilizando los criterios:

texto en primera persona, cierto balance entre información cognitiva y emocional, inclusión de experiencias vividas o muy relacionadas con lo cotidiano de la enfermedad. Se intentó diseñar un algoritmo de búsqueda para automatizar el encuentro de *post* formato testimonial pero las pruebas resultaron fallidas por la cantidad de errores detectados y por el elevado número de *post* sin valor testimonial alguno.

Tabla 2. **Muestra de perfiles en Instagram,** *post* **y seguidores**
(Elaboración propia)

	Usuario	*Post*	Seguidores	Observaciones
1	agna_laemnomepara	23	3948	Paciente con EM
2	aguacate.power	56	2637	Paciente con EM
3	aidamamiperruna	6	431	Paciente con EM
4	anachereque	70	1654	Paciente con EM
5	clarapariente	25	6236	Paciente EM
6	demadreamadreblog	13	24,8 mil	Paciente de EM
7	emorcarrey	6	818	Paciente EM
8	esclerodermia_en_colores	29	303	Paciente esclerodermia
9	escleroticademierda	223	503	Paciente EM
10	fidemiron	39	46,9 mil	Paciente porfiria eritropoyética
11	jessicagaglianone	65	1009	Paciente EM, periodista
12	la_esclerosis_multiple_conmigo	6	283	Paciente EM
13	maladelosnerviospr	43	682	Paciente de EM
14	mariatieneuna_m	25	1425	Paciente de EM
15	muladhara.conservas	4	429	Paciente de fenilcetonuria
16	mundopku	20	1719	Paciente de fenilcetonuria
17	nerosubiancor	28	291	Paciente con albinismo
18	oscarylaura26	15	589	Pareja albinos

19	perola__santos027	5	2364	Niña albina
20	the_violet_eyed_girl	20	3600	Paciente de albinismo
21	xavier_caballero_	13	665	Paciente fibrosis quística
22	santaoes	37	11,1 mil	Paciente EM. (Jugador de baloncesto)
23	beatriz_maro_art	8	7469	Paciente EM
24	nutrilyme	23	342	Paciente enfermedad de Lyme (nutricionista)
Total		802	82837397	

Leyenda EM: esclerosis múltiple

Los datos globales y seleccionados para los distintos análisis se pueden consultar en la base de datos de la Web del proyecto www.reder.es

8.3 Análisis estadístico

La automatización de tareas y procesamiento de datos para el análisis de sentimiento y emociones fue realizado por el lenguaje de programación multiparadigma *Python*. Se calculó la distribución de los diferentes tipos de sentimientos y la distribución de las distintas emociones. Para el análisis de la frecuencia de palabras, y otros datos descriptivos, se utilizó también Python. La representación de la nube de palabras fue diseñada con la ayuda de wordart.com. El resto de los indicadores exigió un análisis cualitativo manual y tiene carácter exploratorio complementario. Aunque se puede desarrollar un *script* para análisis de texto que busque patrones y palabras clave asociadas a cada característica, algunas de ellas, como la autenticidad y el estilo conversacional, son más difíciles de medir automáticamente y han requerido la interpretación humana.

9. RESULTADOS

A continuación, se exponen los datos más reveladores asociados a cada pregunta de investigación.

P1_ ¿Qué prevalencia tiene el formato testimonial en la muestra?

En los 24 perfiles de pacientes con ER se registraron 1463 *post* de los cuales pueden ser identificados 364 como testimoniales, lo que supone una prevalencia del 24,8%. Uno de cada 4 *post* adopta el formato de testimonial.

P2_ ¿Qué emociones y sentimientos están presentes en los contenidos con formato testimonial?

La mayoría de los testimonios (ver gráfico 1) se clasifican con sentimiento *positivo* (POS), seguidos por *neutro* (NEU) y *negativo* (NEG).

Gráfico 1. Análisis de sentimiento

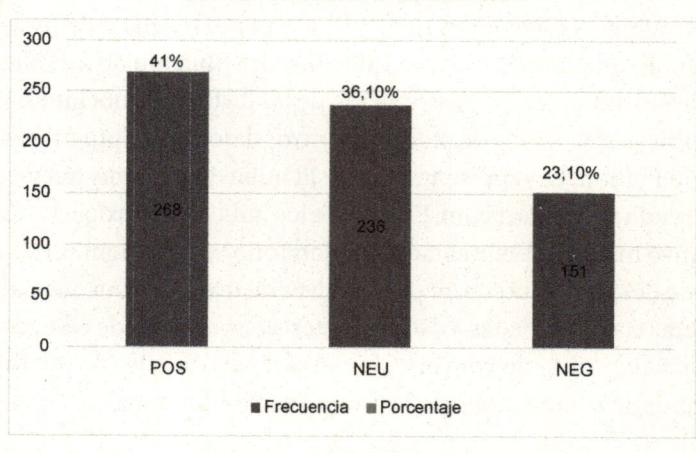

Fuente: elaboración propia

En las emociones, la más común es *alegría*, seguida por *otras* (no definidas o identificadas), y *enfado*, como se aprecia en el gráfico 2.

Gráfico 2. Análisis de emociones

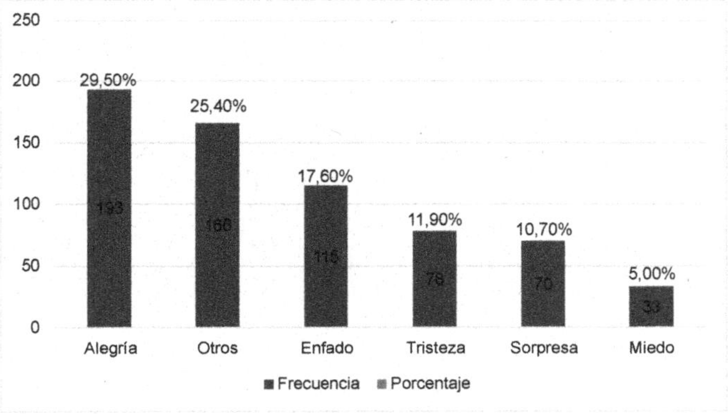

Fuente: elaboración propia

P3_ ¿Qué ER utilizan más el testimonial?

La ER esclerosis múltiple destaca tanto por el número de perfiles de usuario (9 de los 24 considerados) como por la incidencia de *post* testimoniales en dichos perfiles.

P4_ ¿Qué contenido textual caracteriza al formato testimonial?

El análisis de la frecuencia de palabras (ver ilustración 1) revela los temas más frecuentes, las actitudes que generan y los retos relativos a las ER.

Los temas más frecuentes se relacionan con la salud, el tratamiento, y la experiencia de los pacientes. Palabras como *años, pacientes, vida*, y *salud* destacan significativamente.

Palabras como *gracias, mejor, feliz*, y *ayuda* indican una actitud generalmente positiva y de agradecimiento en los testimonios.

Palabras como *enfermedad, dieta, tratamiento, dolor*, y *síntomas* reflejan los desafíos y las preocupaciones que enfrentan las personas mencionadas en los testimonios.

Ilustración 1: Nube de frecuencia de palabras significativas en la redacción de *post*

Elaboración propia con wordart.com

Se profundizó en las combinaciones de palabras más relevantes en los testimonios obteniendo bigramas (tabla 3) y trigramas (tabla 4).

Tabla 3. Bigramas textuales del contenido de los testimoniales de ER

Bigrama	Frecuencia
siempre gracias	10
salud siempre	9
años salud	8
vida tratamiento	7
tratamiento enfermedad	6
dieta mejor	5
mejor importante	5
días médico	4
feliz ayuda	4
ayuda tiempo	4
tiempo cura	4

cura dolor	4
energía síntomas	3
síntomas años	3
enfermedad dieta	3
importantes días	3
días ayuda	3
ayuda siempre	3
gracias vida	3
tratamiento siempre	3

Fuente: elaboración propia con asistencia de Python.

Tabla 4. Trigramas textuales del contenido de los testimoniales de ER

Trigrama	Frecuencia
vida tratamiento enfermedad	5
salud siempre gracias	4
años salud siempre	3
siempre gracias vida	3
gracias vida tratamiento	3
tratamiento enfermedad dieta	3
dieta mejor importante	3
mejor importantes días	3
importantes días médico	2
días médico feliz	2
médico feliz ayuda	2
feliz ayuda tiempo	2
ayuda tiempo cura	2
tiempo cura dolor	2
cura dolor energía	2
dolor energía síntomas	2

energía síntomas años	2
síntomas años salud	2
salud siempre tratamiento	2
siempre tratamiento enfermedad	2

Fuente: elaboración propia con asistencia de Python.

Los bigramas más frecuentes como *siempre gracias, salud siempre,* y *años salud* destacan la importancia de la salud y el agradecimiento en los testimonios. Las combinaciones de palabras relacionadas con el tratamiento, la dieta y el tiempo también son comunes, lo que indica la relevancia de estos temas.

Los trigramas más comunes como *vida tratamiento enfermedad* y *salud siempre gracias* refuerzan la conexión entre la salud, el tratamiento, y el agradecimiento. La frecuencia de trigramas relacionados con el tiempo y la mejora (*dieta mejor importante, mejor importante días*) sugiere un enfoque en el proceso y progreso del tratamiento.

P5_ ¿Los testimoniales generan más *likes* que *post* con otros formatos?

Efectivamente, los datos confirman que la ratio *likes/post* es más alta en los testimoniales (1738/394=4.4) que en los contenidos con otros formatos (2424/1462=1.66)

P6_ Género de los propietarios de perfil: ¿existen diferencias de género en los perfiles sociales que abordan las enfermedades raras con formato testimonial?

De los 24 perfiles analizados, 20 (83,3%) son de mujeres, 3 (12,5%) de hombres y 1 (4,2%) de una pareja.

P7_ ¿Existen usuarios más activos en la muestra, con mayor frecuencia de publicación?

Los usuarios más activos, como *clarapariente, maladelosnerviospr, santaoes* y *anachereque*, destacan como principales contribuyentes de testimonios. Estos usuarios pueden ser influenciadores en sus comunidades o tener experiencias significativas que desean compartir. La frecuencia de publicaciones puede indicar el nivel de compromiso o la necesidad de compartir información y experiencias de salud. Usuarios como *vida_salud_2023* y *juan_paciente123* también son notables por su alta actividad, aunque aparecen haciendo comentarios y no como perfiles de ER.

Este análisis identifica a los usuarios más activos y su contribución en términos de cantidad de publicaciones (ver tabla 5). La información derivada ayuda a comprender mejor la dinámica de la comunidad y los influenciadores clave, en el contexto de los testimoniales.

Tabla 5. Actividad de los usuarios

Usuario	Frecuencia
clarapariente	86
maladelosnerviospr	43
santaoes	37
anachereque	35
nerosubiancor	28
mariatieneuna_m	25
nutrilyme	23
mundopku	20
agna_laemnomepara	16
oscarylaura26	15
aguacate.power	12
escleroticademierda	9
beatriz_maro_art	8

la_esclerosis_multiple_conmigo	6
perola__santos027	5
muladhara.conservas	4
jessicagaglianone	4
emorcarrey	4
the_violet_eyed_girl	3
xavier_caballero_	3
demadreamadreblog	3
aidamamiperruna	3
fidemiron	2

Fuente: elaboración propia

P8_¿Se identifican estas características (autenticidad, brevedad, especificidad, singularidad y conversacional) en los testimoniales analizados?

Para identificar las características de autenticidad, brevedad, especificidad, singularidad y estilo conversacional en los testimonios analizados, se debe realizar un análisis cualitativo del contenido. A continuación, se aportan ejemplos de cada característica:

1. Autenticidad (experiencia personal, emoción genuina o sincera y expresión emocional):

> *"@tamaraib_ yo llevo 18 años con ella, desde los 15. Se tiene q encontrar un buen profesional para tener un buen asesoramiento. El deporte no es una opción una obligación tengas o no una enfermedad (siempre adaptando y ir aumentando), temperaturas? Es un problema vivir en termonormalidad, atontas al cuerpo, como menos expongas tu cuerpo a un estímulo extremo x poco tiempo cada día, menos será capaz adaptarse a los cambios de temperatura. Yo el calor era horrible lo normal si se puede considera x uno Escleroticos, xro x suerte mi Psiconeuroinmunologo me asesoro ir acostumbrando a las subidas de temperatu-*

ra, como también cada día después de la ducha caliente, 2 minutos de ducha fría. Se necesita tiempo, conocer de verdad todos los factores. Deporte, ayuno, alimentación saludable, etc..." (agna_laemnomepara).

"*@jaimealfredoleon si Jaime, después de algunas semanas complicadas, mi ánimo está bien y la sonrisa regresa!!!!*" (anachereque).

"*Yo sin ella por ahí no voy muy bien que digamos. La ventaja es que no me hace falta beber alcohol para parecer que me he bebido todo Madrid*" (esclerotica-demierda).

2. Brevedad (presencia de pocas palabras y oraciones cortas que comunican el mensaje principal rápidamente):

"*@elsamariachipoco Gracias Elsita, esperamos que nos escuchen!!!!!!*"().

"*@gemmacaceres75 así es, nos convertimos en expertos por necesidad*" (fidemiron).

3. Especificidad (se aportan detalles específicos sobre experiencias, productos o servicios mencionados describiendo con precisión sus beneficios o resultados):

"*Y de las más importantes : aumenta la Neuroplasticidad, muy importante para los pacientes y que pocos profesionales q no están actualizados, te lo comentan. Si la mayoría de los pacientes lo supieran...seguro q se animarían más a hacer deporte*" (agna_laemnomepara).

"*@gampertyson esta enfermedad no tiene cura. Mentir es violento, absténganse de comentarios falaces*" (jessicagaglianone).

4. Singularidad (elementos únicos y personales en cada testimonio que lo diferencien de otros por su originalidad):

> *"@1alexx_art ¡Hola! Pues el caso es que no se ha podido comprobar científicamente causa–efecto, es decir, que el calor provoque brotes, lo único que está observado es que con el calor los síntomas empeoran"* (clarapariente).

> *"Ayer participé, invitado por el @COIBarcelona, en la Conferencia «Hacemos visibles las enfermedades neurodegenerativas». Me gustaría agradecerles la oportunidad que me brindaron de presentar mi proyecto de @BailaconEM, así como de @CervezaMudita"* (santaoes).

5. Conversacional (uso de exclamaciones, lenguaje informal y coloquial, presencia de preguntas retóricas...):

> *"Ai, @raulrobbiani! Te leí y nunca contesté© Te entiendo perfectamente. De hecho, justo cuando me comentaste hacía poco que había leído un artículo de un paciente de EMPP que explicaba cómo se sentía cuando leía información sobre la EM, que había mucha, pero que mayoritariamente no era "su EM", porque generalmente se habla de la Recurrente–Remitente, que es la más común. Y soy consciente de ello. ¡Un super abrazo! Realmente todos tendríamos que vivir con ese "chip", porque nadie tiene el futuro asegurado. Un super abrazo"* (clarapariente).

> *"@heargoku9216 Siii la verdad si me gusta muchísimo ver el cabello de las demás personas con albinismo, ya sé que yo también tengo pero me gusta mucho verlo también en los demás"* (the_violet_eyed_girl).

En resumen y con carácter exploratorio, se percibe que la *autenticidad* y el *tono conversacional* están bien representados, la *brevedad* varía con algunos testimonios más concisos que otros y, tanto la *especificidad* como la *singularidad* son menos comunes y dependen de los detalles proporcionados por los usuarios.

P9_ ¿Predominan las rutinas cotidianas de la enfermedad en los testimoniales de perfiles de pacientes analizados?

Las palabras clave con mayor frecuencia indican los aspectos de la rutina diaria más mencionados por los pacientes. Un alto número de menciones de palabras como "ducha", "medicación", "ejercicio", etc., sugiere que las rutinas cotidianas son un tema predominante en los testimonios.

11_ Calidad: ¿el contenido del testimonial es exacto, objetivo y actual? ¿la autoría está cualificada? ¿está diseñado para públicos específicos o masivos? ¿es inclusivo en términos de género o etnia?

La *exactitud* (presencia de detalles específicos y verificables) se expresa en este ejemplo: *"@ si q se entiende. El deporte es neuroprotector y activa procesos metabólicos. Activas Nrf2, neurogénesis y si lo haces en ayunas, es brutal"* (agna_laemnomepara). La *objetividad* (equilibrio entre experiencias subjetivas y hechos) también se identifica: *"@marian_agustino¡Hace poquito pues! La verdad es que los avances conseguidos en los últimos años nos dan un futuro más esperanzador, pero aquí tenemos la EM y debemos sacar partido a cada minuto bueno que tenemos. Un súper abrazo! â¤ï¸"* (clarapariente). La *actualidad* es difícil de evaluar, se ha tenido en cuenta la mención de fechas o eventos y también está presente en comentarios como el siguiente: *"Mes de la concienciación de la EM ¡HOLA A TODOS! Mala de los nervios nací hace casi dos años, cuando decidí empezar a postear de manera graciosa sobre la EM"* (maladelosnerviospr).

La *cualificación de la autoría* pretende identificar el perfil de autoría de los testimoniales. Aparece confirmada con expresiones de este modo: *"¿Qué análisis o pruebas son los más indicados para medir la función de tus glándulas suprarenales? (...) Esta pregunta me llega hace unos días de un seguidor de Nutrilyme. Dado que yo NO soy médico y quiero darles la respuesta más certera posible. Se la he consultado a mi colaborador el Dr. Kenneth Sandstram (...). El primer paso es verificar las sales en la sangre. El siguiente es la prueba de s-cortisol. Si no está seguro, puede medir el cortisol en la orina 24 horas. Un método simple es tomar muestras de saliva cuatro veces durante el día y seguir variaciones pero la base científica para rechazar la muestra no está clara..."* (nutrilyme).

El lenguaje utilizado revela el *tipo de público destinatario* (específico o masivo). Predomina más el público masivo con 53 ocurrencias en comparación con el público específico, que tiene 27 ocurrencias. Un ejemplo de destinatario masivo sería: "*@isabelcosta1970 Aiix, supongo que intentar buscar métodos que refresquen como sea. Aunque si, muchos momentos son imposibles...*" (clarpariente).

Otro ejemplo de *post* destinado a un público específico es "@solegr5 pocos neuros les dicen a los pacientes: haz deporte, toda la razón" (agna_laemnomepara).

La *inclusividad* mediante menciones específicas de diferentes géneros y etnias no ha podido ser identificada.

10. DISCUSIÓN Y CONCLUSIONES

Podemos afirmar que este estudio, a pesar de su carácter exploratorio, confirma que la conversación social de los pacientes de ER proporciona apoyo, orientación social y emocional, en coincidencia con estudios previos de Heaney & Israel (2008), Liang & Scammon (2011), Berger & Buechel (2012) y Woolley & Peterson (2012). Los textos de *post* y la interacción derivada analizada conectan a las personas y pretende sensibilizarlas frente a la ER del caso particular de cada perfil contribuyendo, de forma significativa, a construir su capital social.

El testimonial es el formato elegido en uno de cada cuatro *post* en Instagram, cuando se habla de ER. Genera sentimientos positivos o neutros, en su mayoría, y la emoción prevalente es la alegría. La enfermedad rara más presente en los testimoniales es la esclerosis múltiple, enfermedad con alta presencia también en el número de perfiles sociales. Los temas más frecuentes se relacionan con la salud, el proceso y progreso del tratamiento, las rutinas cotidianas y la experiencia de los pacientes, marcada por el agradecimiento. Predomina el tono conversacional y auténtico. Existen menciones ocasionales de recomendaciones profesionales que incrementan la credibilidad y el público destinatario es amplio, aunque preferentemente iniciado en el contexto específico de alguna ER.

Los testimoniales generan más *likes,* cuadruplicando el número promedio de *likes* suscitado por la conversación masiva general en torno a las ER y son un recurso significativamente más utilizado por las mujeres que por los hombres. Los datos de género confirman la tendencia que sugieren Miller, Woodward, Flinchum, Young, Tabor & Halley, 2021.

Se identifica una serie de beneficios en el uso del formato testimonial. El primero de ellos es la compartición de información con marcada experiencia personal. En segundo lugar, las interacciones revelan un tipo de intercambio basado en el apoyo y solidaridad que fomenta la confianza y la reciprocidad entre quienes comparten la comunidad del perfil. La visibilidad de la historia personal y la capacidad de recibir retroalimentación instantánea pueden fortalecer los lazos sociales. Compartir ideas y colaborar con otros puede impulsar proyectos conjuntos, la resolución de problemas o el descubrimiento de nuevas informaciones desconocidas.

Entre las futuras líneas de investigación sugerimos la evaluación cualitativa de los contenidos, el uso del testimonial en perfiles médicos o institucionales y su comparación con el uso en pacientes, así como el estudio de las motivaciones y la autopercepción de los usuarios pacientes de ER con perfil social. Profundizar en el capital social obtenido en las prácticas sociales desde la teoría de los usos y gratificaciones podría ser de interés.

Las redes sociales demuestran su poder como soporte emocional, especialmente para personas que se sienten aisladas o solas, porque la comunidad de seguidores/as puede ofrecer consuelo, comprensión y consejo. También contribuyen a diversificar las relaciones, facilitando la conexión con personas de diferentes culturas y nacionalidades, aspecto que enriquece la perspectiva de los usuarios y promueve tanto la tolerancia como la comprensión intercultural. Adicionalmente, estos espacios, en ocasiones, sirven para fiscalizar a algunas personas expertas, cuestionar terapias o fármacos, advertir sobre efectos secundarios desconocidos y denunciar personas terapeutas sospechosas.

De este modo, el capital social propiciado en estos espacios sociales ofrece numerosos beneficios que pueden mejorar la calidad de vida de quienes son pacientes y fortalecer sus comunidades.

Sin embargo, es importante, también, tomar conciencia del halo de idealización predominante ya que existen muy pocos ejemplos de decepción y abatimiento ante la enfermedad que advierte de cierto alejamiento de la realidad.

El formato testimonial es una fuente de información valiosa para comprender el contenido, las formas y la actividad de interacción presente en la conversación social de carácter más persuasivo promovida por pacientes de ER.

11. AGRADECIMIENTOS Y FINANCIACIÓN

Proyecto "Identificación de las necesidades sociosanitarias de pacientes con enfermedades raras: procesamiento del flujo comunicativo en redes sociales" financiado por la Generalitat Valenciana en la convocatoria de subvenciones a grupos de investigación consolidados (AICO/2023) con referencia CIAICO/2022/188 cuyos investigadores principales son Sebastián Sánchez Castillo y Eulalia Alonso Iglesias.

12. REFERENCIAS

BERGER, J. A., & BUECHEL, E., "Facebook therapy? Why do people share self-relevant content online?. Why do people share self-relevant content online", *SSRN*, 2012, http://dx.doi.org/10.2139/ssrn.2013148

BOURDIEU, P., "Le capital social", *Actes de la recherche en sciences sociales*, 31,1, 1980, 2-3.

BRAVO-SÁNCHEZ, C., "Marketing de guerrilla en la web 2.0" [en línea], (s.f.), https://www.marketingguerrilla.es/category/redes-sociales/

CHUANG, K. Y., & YANG, C. C., "How do e-patients connect online? a study of social support roles in health social networking". In A. M. Greenberg, W. G. Kennedy & N. D. Bos (eds.), *Social Computing, Behavioral-Cultural Modeling and Prediction: 6th International Conference*, Washington, DC, USA, April 2-5. Proceedings 6, 2013, pp. 193-200. https://acortar.link/TmV6KE

DE LA PEÑA, A., y QUINTANILLA, C., "Share, like and achieve: the power of Facebook to reach health-related goals", *International Journal of Consumer Studies*, 39, 5, 2015, 495-505. https://doi.org/10.1111/ijcs.12224

DE OLIVEIRA LIMA, B., IAMAGUCHI LUZ, K. C. S., SANGUINO, G. Z., VIEIRA FREZ, F. C., SERRANO LIMA, A. L., ITAKAWA FERNANDES, M. E., RAMPANI, E. M., VIEIRA FREZ, F. L., IAMAGUCHI, F. E., & SEGANTINI FELIPIN, L. C., *Rare diseases: What information is available on social media?*, Seven Editora, 2023 https://doi.org/10.56238/sevened2023.004-008

FRAGUELA, N., "Historia de las Redes Sociales: cómo nacieron y cuál fue su evolución" [en línea], 2024, https://acortar.link/OmLwdg

GARCÍA-VALDECASAS- MEDINA, J. I., "Una definición estructural de capital social. *Redes. Revista hispana para el análisis de redes sociales*", 20, 1, 2012, 132-160 https://doi.org/10.5565/rev/redes.411

GIMÉNEZ-LOZANO, C., PÁRAMO-RODRÍGUEZ, L., CAVERO-CARBONELL, C., CORPAS-BURGOS, F., LÓPEZ-MASIDE, A., GUARDIOLA-VILARROIG, S., y ZURRIAGA, O., "Rare Diseases: Needs and Impact for Patients and Families: A Cross-Sectional Study in the Valencian Region Spain", *Int. J. Environ. Res. Public Health*, 19,16, 2022, 10366 https://doi.org/10.3390/ijerph191610366

GRIMALDI-REY, D. & CARDENAL-DE-LA-NUEZ, M. E. *Introducción a la sociología*. Universidad de Las Palmas de Gran Canaria, Vicerrectorado de Planificación y Calidad, 2006

HANIFAN, L. J., "The rural school community center", *The Annals of the American Academy of Political and Social Science*, 67, 1, 1916,130-138 https://doi.org/10.1177/000271621606700118

HEANEY, C. A., & ISRAEL, B. A., "Social networks and social support". In K. Glanz, B. K. Rimer & K. Viswanath (Editors), *Health behavior and health education: Theory, research, and practice*, 4th edition, 2008, pp. 189-210 https://www.medsab.ac.ir/uploads/HB_&_HE-_Glanz_Book_16089.pdf#page=227

HOUSE, J. S., *Work Stress and Social Support*. Addison-Wesley, 1981.

LERNER, K., SOARES-DE-ARAUJO, I., AGUIAR, R., y PROTASIO, J. V., "La circulación del sufrimiento: visibilidad y protagonismo en nuevas configuraciones comunicacionales". En, M. Petracci & Janet García-González (Coords.), *Comunicación y salud en América Latina: contribuciones al campo*, pp. 358-

389. Institut de la Comunicació, Universitat Autònoma de Barcelona, 2020 https://ddd.uab.cat/record/236506

LEVI, M. "Social and Unsocial Capital: A Review Essay of Robert Putnam's Making Democracy Work", *Politics & Society*, 24, 1, 1996. 45-55 https://doi.org/10.1177/0032329296024001005

LIANG, B., & SCAMMON, D. L., "E-Word-of-Mouth on health social networking sites: An opportunity for tailored health communication", *Journal of Consumer Behaviour*, 10, 6, 2011, 322-331. https://doi.org/10.1002/cb.378

LICARI, S. "Qué son las páginas testimoniales y cómo crearlas para atraer clientes" [en línea], (s.f.), https://blog.hubspot.es/service/crear-paginas-testimoniales

MASLOW, A. H., "A Dynamic Theory of Human Motivation". In C. L. Stacey & M. DeMartino (Eds.), *Understanding human motivation* (pp. 26–47). Howard Allen Publishers, 1958, https://doi.org/10.1037/11305-004

MILLER, E. G., WOODWARD, A. L., FLINCHUM, G., YOUNG, J. L., TABOR, H. K., & HALLEY, M. C., "Opportunities and pitfalls of social media research in rare genetic diseases: a systematic review", *Genetics in Medicine*, 23, 12, 2021, 2250-2259 https://doi.org/10.1038/s41436-021-01273-z

NIE, Z., WAHEED, M., KASIMON, D., & WAN-ABAS, W.A.B., "The Role of Social Network Analysis in Social Media Research", *Applied Sciences*, 13, 17, 2023, 9486 https://doi.org/10.3390/app13179486

NÚÑEZ-GUDAS, M., Criterios para la evaluación de la calidad de las fuentes de información sobre salud en Internet. *Acimed*, 10, 5, 2002, 9-10 http://ref.scielo.org/4sr4dg

PONCE-DE-LEÓN-VILLAFUERTE, S. y FERRÁN-FERNÁNDEZ, Y., "El cáncer, un desafío común. De la percepción pública a la responsabilidad social", *Revista de Comunicación y Salud*, 6, 1, 2016, 42-53. https://doi.org/10.35669/revistadecomunicacionysalud.2016.6(1).43-54

RUHAMAK, M., VITASMORO, P. AND RAHMADI, A., "The Influence of Testimonial, Social Media-based Promotions and Electronic Word of Mouth toward Purchase Intention". In Proceedings of the Annual Conference on Social Sciences and Humanities (ANCOSH 2018)–Revitalization of Local Wisdom in Global and Competitive Era, pp. 78-8, 2018.

SECO SAUCES, M. O. & RUIZ-CALLADO, R., "Las Enfermedades raras en la Red. Oportunidades organizacionales en la sociedad digital", *Revista Prisma Social*, 29, 2018, 98–122. https://revistaprismasocial.es/article/view/3582

TSAI, T., "Analysis of social network support for rare-disease patients from a social capital perspective". *Hu Li Za Zhi*, 64, 5, 2017, 18-23. https://doi.org/10.6224/JN.000064

TUCKER, C. E. & YU, S., "Testimonial Advertising on Social Networks to Existing Customers and New Customers". *SRRN*, 2017. http://dx.doi.org/10.2139/ssrn.3013894

WILLIAMS, T. A. & SHEPHERD, D. A., "Mixed Method Social Network Analysis: Combining Inductive Concept Development, Content Analysis, and Secondary Data for Quantitative Analysis", *Organizational Research Methods*, 20, 2, 2017, 268-298. https://doi.org/10.1177/1094428115610807

WISTIA, "State of Video Report: Video Marketing Statistics for 2024" [en línea], 2024, https://acortar.link/1VusRd

WOOLLEY, P. & PETERSON, M. "Efficacy of a health-related Facebook social network site on health-seeking behaviors", *Social Marketing Quarterly*, 18, 1, 2012, 29-39, https://doi.org/10.1177/1524500414354

Entre el tiempo real y la realidad del tiempo: La aportación de las redes sociales al avance de la Investigación en enfermedades raras

Pilar Codoñer-Franch
Departamento de Pediatría Obstetricia Ginecología, Facultad de Medicina, Universitat de València

Patricia Ferrús-Manzano
Departamento de Bioquímica Biología Molecular, Facultad de Medicina, Universitat de València

Eulalia Alonso-Iglesias
Departamento de Bioquímica Biología Molecular, Facultad de Medicina, Universitat de València

"... fui paciente ...

Empezaba a entender de verdad que esto (la Investigación) era lento ...,

aunque si existía una posibilidad habría que intentarlo"

M A Orquín-González; en "Mara, que sueña dentro del espejo"

1. RESUMEN

El imparable auge de las Redes Sociales ha transformado el mundo de la comunicación. Incorporadas a la rutina diaria de la gran mayoría de la población, las Redes Sociales han cambiado la forma de obtener y distribuir información, han globalizado la comunicación y la han llevado al "tiempo real", al aquí, ya y ahora que demanda una sociedad instalada en la inmediatez. Pero hay realidades que se mueven en otros tiempos, como la difícil convivencia con una enfermedad rara, o el lento y laborioso quehacer de la Investigación. Las Enfermedades Raras y la Investigación tienen en la lucha contra el tiempo uno de sus principales desafíos. Para la mayoría de Enfermedades Raras, acortar la demora en el diagnóstico, establecer la causa de la enfermedad, encontrar una cura o tener una asistencia socio-sanitaria adecuada son objetivos que, por el momento, necesitan tiempo para ser alcanzados y, en gran medida, están supeditados a los avances en Investigación. Afortunadamente, los importantes avances tecnológicos de las últimas décadas han proporcionado a la Investigación potentes herramientas analíticas y novedosos enfoques experimentales que ya están siendo aplicados con éxito al terreno biomédico. Pero es evidente que el reto que supone dar respuestas a la realidad de las Enfermedades Raras pasa por un abordaje multidisciplinar y colaborativo que tenga en cuenta y utilice todas las herramientas disponibles. En este contexto, prácticamente todas las etapas del ciclo investigador pueden agilizarse gracias a la inmediatez en la comunicación y el uso generalizado que caracterizan a las Redes Sociales. Sin duda, el potencial de las Redes Sociales como herramienta para acelerar el avance del conocimiento de las Enfermedades Raras merece ser considerado.

2. LA REALIDAD DE LAS ENFERMEDADES RARAS

Por su propia naturaleza, las Enfermedades Raras (EERR) constituyen un reto social, médico e investigador de primer orden (Stoller, 2018; Chung et al, 2022; Adachi et al, 2023). A ello contribuyen diversos factores, comenzando por el volumen de la población a la que afectan. La denominación de enfermedades raras o minoritarias responde a su baja frecuencia, un criterio que difiere entre países. En la Unión Europea, este término aplica a las enfermedades que afectan a menos de 5 personas por cada 10.000 habitantes, un pequeño porcentaje de la población cuando se consideran individualmente.

Sin embargo, cuando se consideran conjuntamente las 7.000 – 10.000 EERR estimadas, las cifras se disparan. Unos 450 millones de personas en el mundo, 30 millones en la Unión Europea y 3 millones en España se estima que estarían afectadas por alguna EERR. Más del 5% de la población.

Las EERR comparten además diferentes aspectos biomédicos. Entre los más relevantes, gran heterogeneidad clínica, cronicidad y elevada morbimortalidad. Las EERR constituyen un conjunto de entidades clínicas muy diversas que cuyos signos y síntomas varían ampliamente, no solo entre distintas enfermedades, sino entre pacientes afectos de una misma patología. Además, ciertas manifestaciones clínicas como hipotonía, retraso en el desarrollo, autismo o epilepsia son comunes a diferentes EERR lo que, unido a su heterogeneidad, contribuye a dificultar y demorar el diagnóstico (cuando existe) durante años. La denominada "odisea diagnóstica" de las EERR.

El disponer de un diagnóstico temprano es esencial ya que un alto porcentaje de las EERR (50-75%) se manifiesta ya en la edad pediátrica, conduciendo a condiciones debilitantes que tienen repercusión a lo largo de toda la vida del paciente, y a situaciones cambiantes tanto en su naturaleza como en complejidad según la edad del individuo. Son afecciones crónicas, a largo plazo, que la mayoría de las veces afectan a diversos órganos y sistemas y presentan una elevada morbilidad y una mortalidad precoz. Por otra parte, en general, tienen un pronóstico grave o muy grave ya que pueden ser mortales. Se trata de pacientes crónicos de alta complejidad que presentan unas necesidades especiales, no sólo en el área sanitaria, sino además y, de forma muy importante, en el área social.

En cuanto al tratamiento, es otro de los principales problemas a los que se enfrentan las EERR. Sólo un pequeño porcentaje de ellas (1-3%) dispone de un tratamiento etiológico específico que, además, suele ser costoso y muchas veces no totalmente efectivo. La gran mayoría de los pacientes (un 90%) no reciben tratamiento, dependiendo de por vida de cuidados constantes que suelen incluir terapias conductuales, estrategias de inclusión social, y tratamiento sintomático para sus múltiples alteraciones. Estas circunstancias derivan en graves problemas psicosociales tanto para el paciente como para su familia. Por lo tanto, a la hora de hacer estimaciones, es necesario tener en cuenta que las EERR no sólo afectan a las personas diagnosticadas, sino también a sus familias, amigos, cuidadores y a toda la sociedad.

Desde el punto de vista asistencial, la atención de la EERR debe abordarse a nivel integral y multidisciplinar, con circuitos específicos que engloben, tanto a la atención primaria, como la asistencia especializada. Además, es necesario que esta asistencia se encuentre en proximidad, y con acceso facilitado a los centros de referencia, bien sea a nivel de Comunidad Autónoma, a nivel nacional, e incluso internacional. En este aspecto cobra especial importancia la atención en red, sobre todo, para ayudar a acercar los cuidados a los pacientes (Adachi et al, 2023)

Para diseñar la atención que se debe prestar a las EERR es necesario conocer las necesidades de los pacientes. En este sentido, las Asociaciones de pacientes prestan una ayuda inestimable integrando y canalizando la información que debe servir de guía tanto a los médicos asistenciales como a los proveedores de cuidados. Las Asociaciones contribuyen, además, a dar visibilidad a cada una de las diferentes EERR y las carencias que experimentan en cuanto a falta de información y de apoyo de calidad, situación de inequidad según la localización de los pacientes, así como falta de acceso a tratamiento, rehabilitación y cuidados (McCray et al, 2021; Q&A, 2023). La necesidad de "más Investigación" es también una de las principales demandas de los pacientes y Asociaciones con EERR (Bañón y Requena, 2011). Sólo un mayor conocimiento científico de las enfermedades puede aumentar las posibilidades de acceso a un diagnóstico precoz y correcto y un tratamiento adecuado.

3. LOS RETOS DE LA INVESTIGACIÓN EN ENFERMEDADES RARAS

Muy acertadamente, los pacientes y asociaciones de EERR centran en la Investigación sus esperanzas de tener un diagnóstico y una opción terapéutica (Bañón y Requena, 2011). Sólo los avances en el conocimiento científico que ésta proporciona pueden contribuir a hacer realidad estos objetivos. Afortunadamente, la investigación en EERR ha experimentado en los últimos años un crecimiento notable y sus logros, aunque puedan parecer limitados, han evidenciado que el avance de la investigación de estas enfermedades depende de su abordaje multidisciplinar e integral; en esencia, de "hacer Ciencia en equipo". Equipos en los que clínicos, genetistas, investigadores básicos y pacientes colaboren y se comuniquen de forma eficiente para alcanzar un objetivo común. Por suerte, hay cabida para el optimismo. Un optimismo basado en la reflexión sobre la realidad social en la que nos movemos y el conocimiento científico ya alcanzado.

En el ámbito social, asistimos a una creciente toma de conciencia por parte de los gobiernos del problema de salud pública de primer orden que constituyen las EERR y de que su atención debe ser una prioridad. De hecho, la atención a la problemática de las EERR ya es un objetivo concreto y prioritario en la agenda política de diferentes gobiernos e instituciones, como la agenda 2030 de la ONU. Las dotaciones económicas presupuestadas para este fin son muy cuantiosas y están destinadas a poner en marcha, o fortalecer, proyectos colaborativos multidisciplinares a nivel nacional e internacional dirigidos específicamente al avance tanto de la Investigación como de la atención sociosanitaria de las EERR (Chung et al, 2022; Adachi, 2023).

Es obligado destacar en este contexto el papel decisivo que han desempeñado los pacientes y Asociaciones en dar visibilidad a la problemática de las EERR; de forma incansable, utilizando todos los medios a su alcance, han logrado transmitir la realidad de estas patologías no sólo a los gobiernos sino a la sociedad en general. Y no sólo eso. Gracias a sus iniciativas, multitud de grupos de investigación han dispuesto de recursos financieros para sustentar la investigación (McCray et al, 2021; Q&A, 2023). Además, de la investigación de las EERR puede derivar información valiosa para avanzar en el entendimiento de las funciones de los genes y, en general, sobre los mecanismos que determinan el desarrollo del individuo pudiendo ayudar en el abordaje de patologías más frecuentes (Acosta, 2023; Yamamoto et al, 2024). Probablemente, este aspecto también ha jugado un papel importante en la decisión gubernamental de establecer líneas prioritarias de financiación para las EERR.

Pasando al ámbito de la Investigación, las últimas décadas han sido excepcionales en avances tecnológicos. Gracias a ello la Investigación dispone actualmente de potentes herramientas analíticas y sofisticados enfoques experimentales que, aplicados al estudio de las EERR, pueden contribuir decisivamente al establecimiento de sus bases moleculares. Y con ello, a su diagnóstico más certero y temprano y la generación de tratamientos eficaces (Anderson y Francis, 2018; Fonseca et al, 2019; Tesi et al, 2023; Papaioannou et al, 2023; Yamamoto et al, 2024)

Vivimos en la era de las "omicas", tecnologías que permiten obtener una gran cantidad de datos sobre un aspecto concreto: la genómica sobre los genes, la proteómica sobre las proteínas, la metabolómica sobre las moléculas pequeñas o metabolitos, ... En la investigación de las EERR, causadas en su mayoría por alteraciones genéticas, la herramienta fundamental es la genómica. Diferentes tecnologías genómicas permiten conocer rápidamente la secuencia de regiones concretas del genoma e incluso del genoma completo. Su uso se ha generalizado, abaratado en costes, y ya se están aplicando con éxito al diagnóstico múltiples enfermedades, incluyendo algunas EERR para las que se conoce la mutación causante de la enfermedad (Wang et al, 2022; Kernohan y Boycott, 2024). Para los convivientes con estas patologías los términos "genes" y "mutaciones" se han incorporado a su lenguaje cotidiano.

Pero, siendo ésta la realidad tecnológica, la pregunta obligada es ¿qué hace tan difícil el diagnóstico de las EERR? La respuesta no es sencilla, pero hay que buscarla en que nos faltan todavía conocimientos sobre los mecanismos moleculares que permiten trasladar la información genética a un funcionamiento adecuado del organismo, a lo que se suman las características particulares de las EERR (Wang et al, 2022).

Se estima que más del 80% de las EERR están causadas por alteraciones genéticas. Es decir, por cambios (que pueden ser muy diversos) en la secuencia o cantidad del ADN, la molécula portadora de nuestro material genético a la que dieron forma Watson y Crick en 1953. El lenguaje del ADN es aparentemente muy simple; cuatro letras (A, T, G y C) que se repiten 3.000 millones de veces en un orden (secuencia) determinado. Gracias al proyecto Genoma Humano, a principios de los años 2000 tuvimos acceso a la secuencia completa de nuestro genoma. Un gran paso que hizo pensar (ingenuamente) que iba a ser sencillo localizar e identificar los genes, entendiendo éstos como aquellas secuencias del ADN que contienen la información (codifican) para fabricar las proteínas del organismo. Nada más alejado de la realidad.

Diferentes proyectos han permitido establecer que sólo un mínimo porcentaje de las secuencias del ADN (2-3%) son genes que codifican para proteínas y que, además, tienen una estructura compleja con secuencias (intrones) que son eliminadas en el largo y complicado camino de convertir la secuencia del ADN en una proteína. Según las últimas estimaciones nuestro ADN contendría unos 22.000 genes y una cantidad ingente de secuencias (>95% del ADN) en las que se trabaja actualmente para desentrañar su función. Todo parece indicar que, de una u otra forma, directa o indirectamente (a través de distintos tipos de ARN), participarían en los mecanismos reguladores que hacen posible que la información genética del ADN se exprese correctamente en tiempo y espacio en nuestro organismo (Poller et al, 2023).

La regulación es esencial en el complejo entramado de nuestro organismo. Y hoy sabemos que la expresión de la información del ADN depende no sólo de su secuencia sino, en gran medida, de factores epigenéticos (por encima de la genética) reguladores relacionados con el ambiente. Como expresa el investigador Carlos López-Otín (2019) en su excelente libro *La vida en cuatro letras* "hoy sabemos que genes y ambiente son dos términos que forman parte de la misma ecuación de la vida". En el mismo libro encontramos un acertado resumen de la complejidad que supone interpretar el lenguaje genético:" La vida es un conjunto de lenguajes biológicos, el genético son solo las primeras páginas. A él se suman la epigenética, que determina que los genes se expresen o no" ... "Los lenguajes tienen que estar en sintonía, dialogar entre ellos. Porque todo es parte de la vida, la clave es entender cómo se coordinan esos lenguajes para que la balanza de la vida se mantenga el mayor tiempo posible del lado de la armonía molecular". Es decir, de la salud o la enfermedad.

Por lo tanto, establecer una relación causal entre una variación en la secuencia del ADN (mutación) y una patología concreta es extremadamente complejo (Wang et al, 2022). Imaginemos el camino a recorrer incluso en el caso más sencillo; el de una enfermedad que sospechamos está causada por una mutación en un único gen. El primer paso consistiría en tener un "gen candidato", es decir, aquel en el que tenemos que centrar la búsqueda de la mutación. En ello pueden guiarnos, además de las manifestaciones clínicas de la patología, los datos bioquímico-moleculares de la proteómica y la metabolómica (Kernohan y Boycott, 2024). De gran ayuda sería también disponer de información sobre las variaciones en la secuencia del gen que no son patológicas. Con el fin de tener una visión amplia sobre este aspecto, diferentes países han puesto en marcha Proyectos Genoma encaminados a conocer el "varioma" mediante secuenciación de los genomas completos de miles o cientos de miles de individuos (Chung et al, 2022).

Una vez establecido el gen candidato, hay que demostrar que su alteración es la causa de la enfermedad. Sigamos por el camino más sencillo; supongamos que hemos secuenciado el gen candidato en un paciente y que éste presenta una mutación no descrita. Disponemos de múltiples herramientas que permiten modificar o introducir secuencias en el ADN (como la tecnología CRISPR/Cas9), regular la expresión de su información, o fabricar y analizar la proteína codificada por el gen de interés. Su aplicación a la generación de modelos animales o celulares es prácticamente una rutina de la investigación actual (Anderson y Francis, 2018; Yamamoto et al, 2024). Se trata de utilizarlas con nuestro gen de interés. Por ejemplo, generando un modelo animal con el gen que lleva la mutación detectada y analizar si ello reproduce la enfermedad; o eliminar la mutación en células extraídas del paciente y evaluar los cambios que se generan. Las opciones son muchas y variadas; cada una de ellas aporta información complementaria y presenta ventajas y desventajas. Por ello, habitualmente, es necesario explorar diferentes aproximaciones para llegar a conclusiones definitivas (Papaioannou et al, 2023; Kernohan y Boycott, 2024).

La confirmación inequívoca de que el gen estudiado es el causante de la patología da acceso inmediato al diagnóstico genético. Y, además, abre las puertas a la búsqueda de opciones terapéuticas, un proceso cuya complejidad dependerá de las funciones biológicas y eventos moleculares en los que el gen esté implicado (Fonseca et al, 2019; Papaioannou et al, 2023). Contar con un diagnóstico avanzado permitiría una mejora en las decisiones terapéuticas y explotar mejor las posibilidades de los fármacos disponibles, lo cual sin duda mejoraría la evolución clínica y la calidad de vida de estos pacientes.

Como vemos, aun disponiendo de las herramientas tecnológicas adecuadas, el camino a recorrer es largo y costoso incluso en los casos más sencillos de enfermedades monogénicas. De ahí la importancia del trabajo multidisciplinar y colaborativo entre grupos de investigación centrados en el abordaje de una determinada EERR. Grupos de investigación que desarrollen proyectos específicos en cuanto al conocimiento de la fisiopatología, la búsqueda de biomarcadores, el diseño diagnóstico, las opciones terapéuticas sobre dianas moleculares y el desarrollo y seguimiento rigurosos de ensayos clínicos.

Pero la investigación en EERR implica problemas adicionales a la que aborda enfermedades con mayor prevalencia. En primer lugar, el elevado número de EERR distintas a investigar, que se estima pueden ser unas 10.000. En segundo lugar, el reducido número de casos de cada una de las enfermedades, lo que plantea dificultades metodológicas en el reclutamiento de un número suficiente de pacientes para que los estudios generen resultados estadísticamente válidos. Si a ello añadimos su gran heterogeneidad en cuanto a manifestaciones clínicas (con formas "minor"), y la existencia de manifestaciones clínicas comunes a diferentes patologías, se hace todavía más difícil la interpretación de los resultados. Todo ello condiciona que los tiempos de investigación se dilaten, y que la investigación en torno a ellas sea un reto que sólo un limitado número de grupos de investigación se atrevan a afrontar.

A pesar de ello, en los últimos años, la investigación en EERR ha experimentado un crecimiento notable, aportando conocimiento acerca de su fisiopatología y bases moleculares, y favoreciendo el desarrollo de procedimientos diagnósticos y tratamientos. Pero la investigación particular en EERR debería estar guiada por la mano de los pacientes y sus familias, que deberían planificar la investigación de forma conjunta con el equipo investigador, señalando las prioridades y aportando sus conocimientos. También son importantísimos los foros, para discutir los problemas, los avances generados y dar visibilidad a nuevas terapias que, obviamente, necesitan ser científicamente contrastadas y contextualizadas (Chang et al, 2024).

Aun teniendo en cuenta los grandes avances de los últimos años en el campo de la investigación de las EERR, de su fisiopatología y mecanismos conducentes a las manifestaciones clínicas, así como el descubrimiento de biomarcadores que pueden orientar en el diagnóstico, los tiempos que se necesitan para conseguir todo ello son bastante dilatados. Ello origina ansiedad en el paciente y familiares. Si seguimos los canales habituales de difusión de la información científica (comunicaciones en congresos o publicación en artículos de revistas científicas) la demora de tiempo que se tarda en hacer llegar el conocimiento a la población general puede a veces ser de varios años. Aquí tienen un papel importantísimo las RRSS. En efecto, se pueden divulgar los resultados en un tiempo mucho más corto, casi inmediato, con lo que se aporta esperanza y se disminuye la incertidumbre con respecto a ciertos aspectos de la enfermedad (Miller et al, 2021).

Sin embargo, hay que poner esta situación en su contexto. Lo que se difunde por las RRSS no tiene el filtro que es habitual en el caso de las publicaciones científicas, con valoración de los aspectos metodológicos y científicos que avalen la calidad de los datos. Sin este filtro, es habitual que la información transmitida a través de las RRSS genere, para pacientes y familiares, expectativas poco realistas sobre la aplicabilidad de los nuevos avances científicos tanto en el sentido temporal como en el de la población a la que pueden beneficiar. Las frases "son necesarias más investigaciones ...", "esta investigación abre las puertas a ...", "los datos obtenidos orientan hacia ...", "en el caso particular de ...", son una constancia de las publicaciones científicas que las RRSS no suelen transmitir adecuadamente. Por ello, sin que merme el valor de las RRSS como conductoras de información temprana, deben ser atemperadas y contrastadas, y ahí cobran importancia los foros y, sobre todo las Asociaciones de pacientes, avaladas por científicos interesados en el tema, que puedan emitir su opinión objetiva (Miller et al, 2021).

Otro problema importante en el ámbito de las EERR es la falta de formación específica de los profesionales sanitarios. Esta es una de las principales causas de demora en el diagnóstico y tratamiento de miles de pacientes. Son necesarias acciones formativas en este sentido, tanto para los médicos generalistas como para los profesionales especializados. Una formación continuada que les mantenga actualizados sobre los avances aportados por la Investigación tanto en el terreno diagnóstico como en el terapéutico (Chung et al, 2022). Lo ideal sería disponer de profesionales especializados en EERR, lo que permitiría acortar temporalmente "la odisea diagnóstica" e instaurar desde el inicio las posibles opciones terapéuticas.

La medicina personalizada, o de precisión, es una nueva manera de entender la medicina en la que se busca abordar la prevención, el diagnóstico y el tratamiento de las enfermedades de manera específica, atendiendo a las peculiaridades singulares de cada paciente o de grupos de pacientes. Precisamente las EERR serían las que más se beneficiarían de este enfoque. Ello permitiría ejercer una medicina personalizada de precisión del más alto nivel que facilite el diseñar una estrategia terapéutica individualizada, o incluso en un mismo paciente para las diferentes fases de la enfermedad (Tesi et al, 2023).

Además, mediante el empleo de inteligencia artificial y "machine-learning" se puede determinar qué variables son más útiles para discriminar las dianas terapéuticas y los tratamientos que se hayan mostrado más eficaces, pudiendo por tanto reducir el número de variables a analizar, los requerimientos técnicos y el coste de este tratamiento personalizado. Para ello, deben establecerse colaboraciones internacionales entre grupos de investigación para ampliar las opciones de reclutamiento y facilitar la captación de recursos. En este sentido, se han impulsado iniciativas internacionales como RD Connect, plataforma integrada que conecta bases de datos, registros, biobancos y bioinformática clínica para la investigación en EERR (Laurie et al, 2022).

El acceso a grandes bases de datos con la creación de registros y biobancos, como plataformas de apoyo a la Investigación, constituye una ayuda inestimable en el ámbito particular de las EERR. Los primeros permiten disponer de datos epidemiológicos fiables, analizar la morbilidad y mortalidad y conocer información sobre el coste económico y social. En el caso de los biobancos, posibilitan que los diferentes grupos de investigación interesados en estas patologías tengan acceso a muestras biológicas de alta calidad. Como ya hemos señalado, el reducido número de afectados por cada enfermedad rara es un factor limitante en su investigación.

4. LAS REDES SOCIALES COMO HERRAMIENTA PARA EL AVANCE DE LA INVESTIGACIÓN EN ENFERMEDADES RARAS

En paralelo al gran avance de la Investigación en las últimas décadas hemos asistido a un desarrollo incluso más espectacular del mundo de la comunicación con la generalización del uso social de Tecnologías de la Información y la Comunicación (TIC) como Internet y las Redes Sociales (RRSS). Las RRSS han hecho más efectiva y eficiente la comunicación; han dado a la sociedad la posibilidad de que sus individuos estén siempre comunicados (conectividad), sin importar el tiempo (inmediatez; en tiempo real) ni la distancia (ubicuidad). Es decir, lo que la sociedad actual demanda y que resume muy bien la conocida frase "everything, everywhere and always connected" ("todo, en todas partes y siempre conectado" (Cruz-Chóez, 2022).

Las cifras demuestran que el uso de las RRSS es ya prácticamente imprescindible en nuestra sociedad. Según el portal Statistica GmbH, en 2024 hay en el mundo unos 5.000 millones de usuarios, 41 de ellos en España; cada usuario dedica un promedio de 150 minutos diarios a las RRSS, generando un flujo de mensajes estimado de 300.000 por segundo, lo que supone 25.000 millones por día. Cada uno de estos mensajes deja una huella en la esfera digital, y su conjunto conforma un "cuerpo de datos digitales" cuyo contenido y actores pueden ser analizados con las herramientas del Big Data (Cruz-Chóez, 2022). El volumen de datos disponibles para analizar es enorme, algo importante en el contexto de evaluar la ayuda que pueden prestar las RRSS a la investigación en EERR.

Las RRSS son la nueva forma de establecer vínculos sociales. Permiten la comunicación y el establecimiento de relaciones entre individuos o colectivos en base a alguna condición o interés que los une. Permiten, además, en tiempo real y prácticamente sin restricciones físicas o geográficas, emitir opiniones que pueden repercutir sensiblemente sobre las decisiones de diferentes personas o colectivos. No es de extrañar, por lo tanto, que, como muestran diferentes estudios, el colectivo de pacientes afectos de EERR, sus familiares y cuidadores sean particularmente activos en las RRSS. Como ya hemos comentado, la baja prevalencia, la heterogeneidad clínica, la cronicidad, la elevada morbimortalidad, la "odisea diagnóstica", la falta de tratamientos eficaces y de atención sociosanitaria adecuada de las EERR convierten la convivencia con estas patologías en un reto diario y, con frecuencia, de por vida. Individualmente se sienten aislados e indefensos y han encontrado en las RRSS la vía para formar una comunidad que comparta su realidad y experiencias, les aporte información sobre su condición y les dé el apoyo emocional que necesitan (Miller et al, 2021; Chang et al, 2024).

Por el momento, la actividad de los clínicos e investigadores en las RRSS en relación con las EERR, aunque muy apreciada, es bastante limitada a juzgar por los datos preliminares del proyecto en curso que ha dado pie al conjunto de este libro. Esta situación debe remediarse ya que las RRSS pueden ser una valiosa herramienta para agilizar prácticamente todas las etapas del ciclo investigador, desde el establecimiento de colaboraciones, facilitar el acceso a los pacientes, recolección de datos, difusión de resultados y discusión de su impacto con rigor. Acelerar el avance de la investigación de las EERR es avanzar en su diagnóstico y tratamiento precoz y adecuado, algo esencial para el colectivo de afectos por estas patologías. Para médicos e investigadores representa un buen ejemplo de investigación colaborativa y traslacional, la más valorada en el actual momento social (Martindale et al, 2022).

Es importante resaltar que las RRSS ya han prestado una ayuda inestimable a la investigación de las EERR. Han contribuido decisivamente a hacer visible su realidad, y a la organización y difusión de infinidad de eventos para sensibilizar a toda la sociedad de la importancia de avanzar en la investigación de estas patologías (McCray et al, 2021; Q&A, 2023). Ello ha permitido captar recursos para este fin gracias a lo cual numerosos grupos de investigación han podido financiar sus investigaciones. En última instancia, la presión de Asociaciones y pacientes a través de las RRSS y otros medios de comunicación ha tenido un importante papel en la decisión de gobiernos y administraciones de considerar como prioritaria la investigación en EERR y su financiación.

Además de la financiación, uno de los principales problemas a los que se enfrenta la investigación en EERR es contar con un número suficiente de pacientes para que los estudios generen resultados científicamente válidos. En las EERR el número de pacientes de cada patología es escaso, además son clínicamente heterogéneos y están geográficamente dispersos. Las RRSS pueden prestar una ayuda decisiva para salvar estas barreras. Investigadores y clínicos pueden utilizar las RRSS para acceder a los pacientes, a los datos clínicos de que dispongan, a los resultados de las pruebas a las que hayan sido sometidos, a la eficacia de los tratamientos en el caso de que los reciban y, en general, a toda la información que consideren necesaria sobre el curso de su enfermedad (Miller et al, 2021; Chang et al, 2024). En nuestra experiencia, la respuesta de los pacientes y familiares de EERR a participar en proyectos de investigación es excepcional, colaborando en todo momento para un mejor diseño y planificación de la investigación.

Las RRSS abren también las puertas a que pacientes e investigadores básicos y clínicos, a través de los proyectos en los que colaboran, mantengan un contacto inmediato y estable. Ello permitirá compartir cualquier evento nuevo que surja en el curso de la enfermedad o, en el caso de que se trate de un ensayo clínico, hacer un seguimiento continuado que valore la relevancia de cualquier nuevo síntoma atribuible al tratamiento. Al margen de los resultados que la investigación genere, hay que valorar los beneficios emocionales que para el paciente y su entorno conlleva el mero hecho de sentir que su situación es objeto de seguimiento y atención por personal experto en su patología (Miller et al, 2021; Chang et al, 2024).

La comunicación en RRSS es también una excelente oportunidad para que médicos e investigadores difundan información fiable sobre la realidad de las patologías, hagan de criba de las informaciones sin base científica, y contextualicen las expectativas diagnósticas y terapéuticas generadas por la Investigación. Por las duras condiciones que impone la convivencia con las EERR, cualquier noticia sobre un nuevo tratamiento u opción terapéutica tiende a ser considerada como inmediata y accesible y rápidamente difundida entre el colectivo de afectados a través de las RRSS. Es el caso, por ejemplo, de la terapia génica (Papaioannou et al, 2023). En este contexto, las RRSS posibilitan que los profesionales de la investigación en EERR actúen como transmisores de información fidedigna que conciencie de la importancia de los tiempos en el terreno de la Investigación. Pero, ya que la comunicación debe ser bidireccional, los profesionales deben estar abiertos a que la información aportada por los pacientes les obligue a modificar el enfoque de su investigación o, incluso, a abrir nuevas líneas de trabajo.

En esencia, las RRSS representan una oportunidad única para abordar la investigación en EERR de forma diferente. Una Investigación traslacional, colaborativa y bidireccional de la que se beneficien pacientes e investigadores y que, particularmente, ayude a reducir la brecha temporal entre los avances de la Investigación y su traslado a las necesidades reales de la población afecta por las EERR.

REFERENCIAS

ACOSTA, M. T., "Enfermedades sin diagnóstico y enfermedades raras: avances en neurodesarrollo" en *Medicina* (*Buenos Aires*), Volumen 83, 2023, pp. 52-56. <https://www.scielo.org.ar/scielo.php?script=sci_arttext&pid=S0025-76802023000800052>

ADACHI, T., EL-HATTAB, A. W., JAIN. R., NOGALES CRESPO, K. A., QUIRLAND LAZO, C. I., SCARPA, M., SUMMAR, M., WATTANASIRICHAIGOON, D., "Enhancing Equitable Access to Rare Disease Diagnosis and Treatment around the World: A Review of Evidence, Policies, and Challenges" en *International*

Journal of Environmental Research and Public Health, 20, 4732, 2023, <https://doi.org/10.3390/ijerph20064732>

ANDERSON, R. H. FRANCIS, K. R. "Modeling rare diseases with induced pluripotent stem cell technology" en *Molecular and Cellular Probes*, Volumen 40, 2018, pp. 52-59. <https//doi.org/10.1016/j.mcp.2018.01.001>

BAÑÓN, A. M., REQUENA, S., "El tratamiento discursivo de la investigación y de los investigadores en torno a las enfermedades raras" en *Desafíos y estrategias comunicativas de las enfermedades raras: la investigación médica como referente*, Capítulo 9, Ciberer, Valencia, febrero de 2011, pp. 173-188.

CHANG, A., HUANG, S. D. BENJAMIN, D. J., SCHMID, J. L., PALMER, C. G. S., GARRISON, N. A. "Exploring the role of digital tools in rare disease management: An interview-based study" en *Journal of Genetic Counseling*, Volumen 00, 2024, pp.1-12. <https://doi.org/10.1002/jgc4.1908>

CHUNG C. C. Y., HONG KONG GENOME PROJECT, CHU A. T. W., CHUNG B. H. Y., "Rare disease emerging as a global public health priority" en *Frontiers in Public Health*, 18 de octubre de 2022, 10:1028545. <https://doi.org/10.3389/fpubh.2022.1028545>

CRUZ-CHÓEZ, A. "El Big Data desde las redes sociales" en *593 Digital Publisher CEIT*, Volumen 7, Número 4-1, agosto de 2022, pp. 626-639. <https://doi.org/10.33386/593dp.2022.4-1.1239>

FONSECA, D. A., AMARAL, I., PINTO, A. C., COTRIM, M. D. "Orphan drugs: major development challenges at the clinical stage" en *Drug Discovery Today*, Volumen 24, Número 3, marzo de 2019, pp. 867-872. <https://doi.org/10.1016/j.drudis.2019.01.005>

KERNOHAN, K. D., BOYCOTT, K. M. "The expanding diagnostic toolbox for rare genetic diseases" en *Nature Reviews Genetics*, Volumen 25, junio de 2024, pp. 401-415. <https://doi.org/10.1038/s41576-023-00683-w>

LAURIE, S., PISCIA, D., MATALONGA, L., et al. "The RD-Connect Genome-Phenome Analysis Platform: Accelerating diagnosis, research, and gene discovery for rare diseases" en *Human Mutation*, Volumen 43, 2022, pp. 717-733. <https://doi.org/10.1002/humu.24353>

MARTINDALE, J. M., GOLDSTEIN, J., XIXIS, K., et al. "Be in the Digital Room Where it Happens. Part I: Tweeting & Technology for Career Development" en *Child Neurology Open*, Volumen 9, junio de 2022, pp. 1-14. <https://doi.org/10.1177/2329048X221106843>

McCRAY, A. T., LEBLANCA, K., AND UNDIAGNOSED DISEASES NETWORK, "Patients as Partners in Rare Disease Diagnosis and Research" en *Yale Journal of Biology and Medicine*, Volumen 94, 2021, pp. 687-692. <https://www. ncbi.nlm.nih.gov/pmc/articles/PMC8686769/pdf/yjbm_94_4_687.pdf>

MILLER, E. G., WOODWARD, A. L., FLINCHUM, G., YOUNG, J. L., TABOR, H. K., HALLEY, M. C. "Opportunities and pitfalls of social media research in rare genetic diseases: a systematic review" en Genetics *in Medicine*, Volumen 23, 2021, pp. 2250–2259. <https://doi.org/10.1038/s41436-021-01273-z>

PAPAIOANNOU, I., OWEN, J. S., YÁÑEZ-MUÑOZ, R. J. "Clinical applications of gene therapy for rare diseases: A review" en *International Journal of Experimental Pathology*, Volumen 104, 2023, pp. 154-176. <https//doi.org/10.1111/iep.12478>

POLLER, W., SAHOO, S., HAJJAR, R., LANDMESSER, U., KRICHEVSKY, A. M. "Exploration of the Noncoding Genome for Human-Specific Therapeutic Targets—Recent Insights at Molecular and Cellular Level" en *Cells*, 12, 2660, 2023. <https://doi.org/10.3390/cells12222660>

Q&A, "Patient engagement and involvement in rare disease research" en COMMUNICATIONS MEDICINE, 3:20, 2023. <https://doi.org/10.1038/s43856-023-00251-7>

STOLLER, J. K., "The Challenge of Rare Diseases" en *CHEST*, 153(6), 2018, pp.1309-1314. <https://doi.org/10.1016/j.chest.2017.12.018>

TESI, B., BOILEAU, C., BOYCOTT, K. M., et al. "Precision medicine in rare diseases: What is next?" en *Journal of Internal Medicine*, Volumen 294, 2023, pp. 397-412. <https//doi.org/10.1111/joim.13655> .

WANG, G., XU, Y., WANG, Q., et al. "Rare and undiagnosed diseases: From disease-causing gene identification to mechanism elucidation" en *Fundamental Research*, Volumen 2, 2022, pp. 918–928 <https://doi.org/10.1016/j.fmre.2022.09.002>

YAMAMOTO, S., KANCA, O., WANGLER, M. F., BELLEN, H. J. "Integrating non-mammalian model organisms in the diagnosis of rare genetic diseases in humans" en *Nature Reviews Genetics*, Volumen 25, enero de 2024, pp. 46-60. <https://doi.org/10.1038/s41576-023-00633-6>

Ciencia ciudadana en la investigación en enfermedades raras

Lucía Páramo-Rodríguez
Fundación para el Fomento de la Investigación Sanitaria i Biomédica de la Comunitat Valenciana (Fundación FISABIO)

Carmen Martos Jiménez
Fundación para el Fomento de la Investigación Sanitaria i Biomédica de la Comunitat Valenciana (Fundación FISABIO)

Clara Cavero Carbonell
Fundación para el Fomento de la Investigación Sanitaria i Biomédica de la Comunitat Valenciana (Fundación FISABIO)

1. ¿DE QUÉ ESTAMOS HABLANDO, CUANDO HABLAMOS DE ENFERMEDADES RARAS?

Se denominan enfermedades raras en la Unión Europea aquellas que afectan a menos de 5 personas por cada 10.000 habitantes (Montserrat Moliner & Waligora, 2017). Se estima que existen alrededor de 6000 a 9000 enfermedades raras diferentes, es por ello, que su presencia y afectación entre la ciudadanía es elevada. Además, se prevé que en las próximas décadas esta cifra aumente debido a los avances en investigación, mayoritariamente en el campo del diagnóstico genético mejorado por la secuenciación masiva del genoma (Ramos-Fuentes et al., 2020; Sawyer et al., 2016). Además de los progresos en la investigación, hay que mencionar la aplicación de la inteligencia artificial (Donadio & Terry, 2023) como un medio favorable, aunque no exento de polémica, para la detección de enfermedades raras a partir de algoritmos basados en el cruce de datos de informes médicos y pruebas diagnósticas realizadas.

Estimar cuántas personas hay afectadas a nivel mundial, es complejo y depende de la fuente consultada (Haendel et al., 2020). En España, desde el año 2009 y bajo el marco legal de la Estrategia de Sistema Nacional de Salud[9], la línea estratégica 1 está encaminada a fomentar la *"Información sobre enfermedades raras, la necesidad y el compromiso de mejorar la información disponible sobre enfermedades raras y los recursos disponibles para su atención, que permita dar respuesta a las necesidades planteadas por pacientes, profesionales sanitarios, investigadores y responsables de las administraciones sanitarias y de servicios sociales"*.

En definitiva, esta estrategia está orientada a mejorar la información, el diagnóstico, la asistencia y el tratamiento de estas enfermedades (Perea Aceituno et al., 2022; Vicente et al., 2021).

En el 2015 y bajo las directrices de esta Estrategia, actualizada en 2014[10], se creó el Registro Estatal de Enfermedades Raras (ReeR), un sistema de información (coordinado a nivel estatal pero que nutre de los registros automáticos) que contribuye a conocer la prevalencia de estas patologías y su distribución en la población. Los informes anuales reportados por el ReeR ofrecen datos epidemiológicos recopilados y validados por las autonomías. Los últimos datos del Informe con fecha 2023 presentan información de casos captados y validados en 16 autonomías españolas sobre 24 enfermedades raras. Esto presenta la situación epidemiológica de las enfermedades raras en España, dado que en el citado informe aporta datos conjuntos del 84,2% de las comunidades autónomas, que engloban el 94,2% de la población española (Ministerio de Sanidad, 2023).

9.   Ministerio Sanidad y Política Social (2009). *Estrategia en Enfermedades Raras del Sistema Nacional de Salud.*
10.   Ministerio Sanidad y Política Social (2014). *Estrategia en Enfermedades Raras del Sistema Nacional de Salud.*

Las enfermedades raras comportan una elevada complejidad: son crónicas, en algunas ocasiones degenerativas, incapacitantes y pueden asociar discapacidad o pérdida de habilidades funcionales, y afectan tanto a población infantil como adulta. Por todo ello son consideradas un importante problema de salud pública en España y Europa.

Y aunque el término raro, pueda asociarse a una connotación negativa o peyorativa, no lo es en absoluto. Su uso es un derivado de lenguas anglófonas y significa escaso, infrecuente o excepcional, es por este motivo que a las enfermedades raras también se denominan minoritarias, poco frecuentes o enfermedades huérfanas (Posada De la Paz et al., 2016).

Aunque las enfermedades raras, son mayoritariamente invisibles en el entorno social y sanitario, hecho que conlleva un infra diagnóstico y una demora en el tiempo hasta un diagnóstico certero, existen. Su repercusión va más allá de la propia persona afectada, ya que perturban su entorno familiar, social, educativo y laboral. El debut de la enfermedad puede ser insidioso, muy diverso y obtener un diagnóstico, que permita dar respuesta ante la incertidumbre, o iniciar los tratamientos ha sido descrito como el inicio de una debacle personal y con afectación intrafamiliar especialmente cuando la persona enferma es un menor de edad (Gómez de Las Heras, 2017).

Las dificultades asociadas a personas que tienen enfermedades raras (ver figura 1) no son algo temporal, la cronicidad de estas patologías, hace que las dificultades y complicaciones vayan en aumento en la mayoría de las personas afectadas. En relación a la desigualdad, también son notorios los sesgos y la carga que implica el género, de quién padece una enfermedad rara o quién cuida a una persona afectada por enfermedad rara. Estas circunstancias pueden sumar más complejidad, precariedad o desigualdad, algunos estudios ya han evidenciado esto, relacionando una mayor vulnerabilidad para las mujeres (Coffey et al., 2019; Jiménez Ruiz y Moya Nicolás, 2017; Mayobre y Vázquez, 2015).

Figura 1: Características compartidas entre personas con enfermedades raras

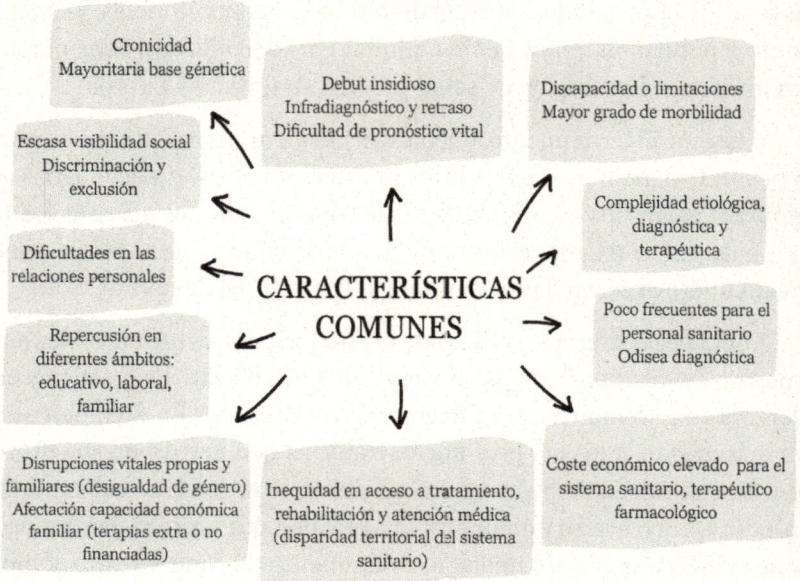

Cronicidad Mayoritaria base génetica

Debut insidioso Infradiagnóstico y retraso Dificultad de pronóstico vital

Discapacidad o limitaciones Mayor grado de morbilidad

Escasa visibilidad social Discriminación y exclusión

Dificultades en las relaciones personales

Repercusión en diferentes ámbitos: educativo, laboral, familiar

CARACTERÍSTICAS COMUNES

Complejidad etiológica, diagnóstica y terapéutica

Poco frecuentes para el personal sanitario Odisea diagnóstica

Disrupciones vitales propias y familiares (desigualdad de género) Afectación capacidad económica familiar (terapias extra o no financiadas)

Inequidad en acceso a tratamiento, rehabilitación y atención médica (disparidad territorial del sistema sanitario)

Coste económico elevado para el sistema sanitario, terapéutico farmacológico

Fuente: Elaboración propia a partir de (Páramo Rodríguez, 2023)

La complejidad que acarrean las enfermedades raras ha hecho que sean las grandes olvidadas tanto en el entorno sanitario y social, como en la investigación. El desarrollo de investigación en pacientes con enfermedades raras ha estado focalizado en la clínica o en el desarrollo de fármacos, en este campo el progreso siempre ha estado rodeado por los intereses de la industria farmacéutica o por cuestiones asociadas a la rentabilidad económica. Pese a la escasez de investigaciones en este campo, las existentes están centradas en las nuevas tecnologías ómicas[11] o a las terapias avanzadas (Alfonso Farnós & Alcalde Bezhold, 2020; Frigolet & Gutiérrez-Aguilar, 2017; Serrano, 2018).

No obstante, hay nuevas líneas de investigación que merecen ser detalladas. La democratización del conocimiento y el modelo ciencia abierta, se sustenta en la universalidad y en la representatividad, por ello no puede dejar al margen la participación de la ciudadanía(Lobato López et al., 2022; Ordoñez, 2023).

2. ¿QUÉ ES LA CIENCIA CIUDADANA?

Recientemente y desde el enfoque de la ciencia ciudadana y a través de metodologías cualitativas se han puesto en marcha proyectos de investigación que han incorporado la participación activa de pacientes con enfermedades raras. La mayor potencialidad de esta colaboración activa está dirigida a identificar conjuntamente las necesidades o experiencias de este colectivo. La salud pública es una disciplina central que ha puesto en valor y ha desarrollado la investigación en este campo (Neff et al., 2022; Schaaf et al., 2024).

Algunos de los principales usos de la participación ciudadana en el ámbito de la salud se pueden ver resumidamente en la Figura 2. La aplicación e incorporación de pacientes a la investigación mediante técnicas cualitativas para promover la participación ciudadana, es algo que se llevaba desarrollando en el entorno sanitario desde los años 90 para enfermedades más frecuentes como el cáncer (Amezcua y Gálvez Toro, 2002; Pérez Andrés,

---

11.   Las ciencias ómicas son disciplinas de conocimiento (genómica, metabolómica y proteómica) que buscan estudiar de manera conjunta una composición y permiten comprender la función y las interacciones que genera de un organismo para comprender a los sistemas biológicos más complejos con mayor precisión. Gracias al avance del conocimiento, a la explotación masiva de datos y a los avances en el campo de la tecnología y la bioinformática se puede llegar a la medicina personalizada y de precisión.

2002). El uso de estas técnicas en pacientes con enfermedades raras, es relativamente reciente, no obstante, su uso está en auge y ha sido bien acogido.

Figura 2: Principales usos de la participación ciudadana en proyectos de investigación desarrollados desde el ámbito de la salud.

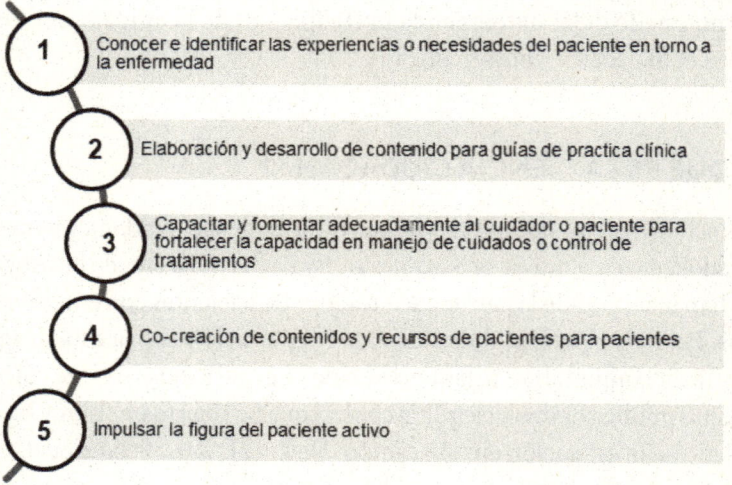

Fuente: Elaboración propia

La Comunidad Europea auspiciada por el programa H2020 estableció el marco legal recogido en el Reglamento 2021/695[12] que dio impulso y puso en valor conceptos como *"ciencia abierta"*, *"innovación abierta"* y *"apertura al mundo"* para mejorar la interacción entre la sociedad y proyectos de investigación.

Todas las iniciativas, recursos o experiencias generadas a partir de la participación ciudadana en proyectos de investigación son la base para avanzar en el conocimiento científico práctico con capacidad para dar respuesta a algunas de las preguntas/incertidumbres existentes en la sociedad.

12.   REGLAMENTO (UE) 2021/695. Comisión Europea

Por tanto la ciencia ciudadana es un compromiso entre la ciudadanía (público general) y la comunidad científica, para crear y contribuir a la generación de conocimiento eficiente, eficaz y accesible mediante la participación conjunta y activa de ambos colectivos con la finalidad de promover una ciencia inclusiva, más justa y equitativa a través de la colaboración real y conjunta que permite desarrollar nuevos conocimientos (Bertram et al., 2023; Lobato López et al., 2022; Rosas et al., 2022).

Que la sociedad civil y la ciudadanía formen parte de la investigación y los procesos científicos, entendiendo que la ciencia y la investigación están por y para generar beneficios en la población, desde una posición no jerárquica, es una declaración de principios a favor de un nuevo paradigma científico más horizontal entre el personal investigador y sujeto/objeto investigado. Este posicionamiento es un compromiso alineado con la Agenda 2030[13], que persigue democratizar el acceso al conocimiento científico.

La ciencia ciudadana es aplicable a cualquier campo de la investigación. Tradicionalmente su aplicación y desarrollo ha estado más ligado a las ciencias naturales (biodiversidad, contaminación, medioambiente, etc.) y en, proyectos de investigación en los que la implicación activa de la ciudadanía ha sido un factor determinante (Arias et al., 2022; Chandler et al., 2017; Garcia-Soto et al., 2021).

Este nuevo paradigma de hacer ciencia, es algo reciente, novedoso, actual, no obstante la aplicación de esta metodología es una oportunidad para la investigación en salud que permite detectar necesidades de pacientes, identificar desigualdades, favorecer la promoción de la salud y mejorar la calidad de la atención sanitaria (De Sherbinin et al., 2021; Rosas et al., 2022; Subrahmanya et al., 2022).

13.   La Agenda 2030 sobre el Desarrollo Sostenible es un plan de Acción que compromete a los estados miembros de la Organización Naciones Unidas, a través de 17 objetivos con el interés de crear un mundo más justo y próspero para las generaciones venideras, tratando de erradicar la pobreza y protegiendo medioambientalmente el planeta.

En este contexto, la ciencia ciudadana en el ámbito de las enfermedades raras contribuye al diseño de proyectos de investigación en los que la participación de la persona con una enfermedad rara, su entorno familiar y social son un eje esencial para desarrollar el estudio. Este nuevo enfoque en la investigación permite un avance sanitario y social que contribuirá a reducir la inequidad en un colectivo que es altamente sensible.

3. PARTICIPACIÓN DE PERSONAS CON ENFERMEDADES RARAS EN REDES SOCIALES: OPORTUNIDAD PARA LA INVESTIGACIÓN

La investigación es todo proceso científico mediante el cual se obtiene un conocimiento. El uso de los hallazgos o resultados derivados de esa investigación pueden ser estáticos, es decir se presentan y evidencian un conocimiento, refutando, rechazando o demostrando algo pero su recorrido de acción es limitado, sirven de base o no para el desarrollo de otras investigaciones (Arenas et al., 2000).

Participación ciudadana significa de manera sintetizada, involucrar a la ciudadanía para la construcción de conocimiento de manera conjunta y co-creada desde espacios de decisión junto a los poderes políticos. Así mismo implicar a la ciudadanía de manera activa en la ciencia y la investigación es una apuesta por la inclusión (De Sherbinin et al., 2021; Rowbotham et al., 2023).

Las personas con enfermedades raras están socialmente poco visibilizadas, pero tienen buenas estructuras organizativas a través de asociaciones y entidades de pacientes.

En España el aumento del asociacionismo en el ámbito de estas enfermedades se ha incrementado de manera exponencial en las últimas décadas (Observatorio sobre Enfermedades Raras. FEDER, 2017). Sin duda la fortaleza de estas asociaciones es estar parapetada bajo la estructura legal de una Federación, que permite articular las demandas de las asociaciones y convertirse en un grupo de presión con capacidad de mediación e influencia en el espacio político y social.

Esta unión a través de colectivos, hace que su voz y sus demandas estén más organizadas y consigan articular y forzar cambios en el espacio político y gubernamental, incluso se consideran un grupo de presión con margen de acción y capacidad de influencia (Parra et al., 2003).

Pero la presencia de pacientes, no se ciñe exclusivamente a través de grupos de iguales y/o en asociaciones de pacientes. Su participación y presencia en el espacio público ha encontrado en las redes sociales y mayoritariamente en los pacientes más jóvenes o en las personas con un conocimiento digital actualizado, una "ventana social" donde estar presentes e interactuar. La complejidad que implica la combinación de internet, redes sociales, la ciencia y la participación ciudadana para abordar la investigación en enfermedades raras es sin duda un reto con innumerables complejidades pero cargado de oportunidades como fuente de datos e información (Abt Sacks et al., 2013; Gómez-Zúñiga et al., 2021; Páramo-Rodríguez, Cavero-Carbonell, y Zurriaga-Llorens, 2023; Roldán Tovar et al., 2021).

Dichos estudios ya han evidenciado como el uso de las redes sociales son un medio de expresión y comunicación entre las personas con enfermedades raras, hoy día existen plataformas web[14],[15] creadas para conectar a pacientes con enfermedades raras de todo el mundo.

Las redes sociales de uso individual son un nuevo espacio donde crear contacto entre personas interaccionando, comunicando o intercambiando información. La participación activa en redes sociales de personas con enfermedades raras pone en evidencia que este colectivo también quiere ser visible, quieren expresarse, mostrar y hacer evidente su propia realidad (dificultades y necesidades).

Por estas razones y valorando el uso que hacen las personas con enfermedades raras de las redes sociales (Sánchez-Castillo y Mercado-Sáez, 2021) se puede constatar que las redes sociales, son un medio muy popu-

14. Rare Connect. Más información en https://www.rareconnect.org/es
15. Share For Rare. Más información en https://www.share4rare.org/es

larizado, de uso y manejo personal (aunque puede utilizarse en nombre de terceras personas) para mostrar, compartir, comunicar y viralizar en algunos casos, las dificultades y complejidades que sufren las personas con enfermedades raras.

La información reportada es poco profunda y con un carácter muy generalista, los temas habituales son medicina/enfermedades, investigación y tribunales, transmitiendo a la sociedad una visión que se equipara a otro tipo de enfermedades más frecuentes en la población (Santos Díez y Pérez Dasilva, 2019).

Algunos estudios (López-Villafranca y Castillo-Esparcia, 2018) contemplan el análisis de medios tradicionales de comunicación (prensa, radio y televisión) y refieren un aumento de la visibilidad sobre patologías poco frecuentes, lo cual refleja una imagen proactiva de este colectivo gracias a las iniciativas y reivindicaciones impulsadas por pacientes y colectivos de personas asociadas.

Así mismo las redes sociales han sido descritas como el medio para democratizar y socializar la ciencia (García, 2022; Villegas-Maestre y Corrales-Reyes, 2022). Es en este punto, donde confluye la sinergia, la oportunidad que ofrece el espacio virtual y la pro actividad de las personas con enfermedades raras, y por tanto la posibilidad de unificar la iniciativa de los pacientes y sus ganas de compartir y participar. Desde esta confluencia se han desarrollado proyectos de ciencia ciudadana de pacientes con enfermedades raras.

4. EXPERIENCIAS DE CIENCIA CIUDADANA EN PACIENTES CON ENFERMEDAD RARA

La ciudadanía es un conjunto heterogéneo de personas que conviven en un entorno social específico y determinado en un espacio físico y geográfico concreto, a ese conglomerado de personas diferentes están condicionadas individualmente por el contexto personal y social al que pertenecen. Además de elementos individuales propios como el estado de salud, el nivel educativo, la edad y el sexo, la actividad laboral y posición económica, etc., existen otros factores externos que condicionan y modelan de manera transversal su posición en el espacio social, como son la cultura, la identidad religiosa o el género (Humphrey Marshall, 1997).

Convertirse en "científico/a ciudadano" contribuye mediante la participación activa de las personas a aumentar el conocimiento científico. La participación puede concretarse de diferentes maneras en tiempo, aportación de datos recogidos, testimonios, etc.... La aportación del científico ciudadano depende del tipo de investigación a desarrollar y puede ser concretada en: colaboración contributiva, contractual, colaborativa, co-creadora o independiente. Lo que es indiscutible es que toda aportación es importante y necesaria para culminar exitosamente la investigación en la que voluntariamente se ha decidido participar (Purcell et al., 2017; Serrano-Sanz et al., 2014) incluida la investigación ciudadana en enfermedades raras (Schaaf et al., 2024).

La ciudadanía como objeto de estudio de manera general y el estudio de enfermedades raras en particular, debe tener presente como primera premisa la alta complejidad que supone su incorporación como sujetos de estudio a la investigación.

Ciudadanía, enfermedades raras y ciencia parecen términos distantes entre sí, pero la realidad es que ninguno de ellos es ajeno al otro, de hecho están más ligados de lo aparentemente perceptible en un primer momento. El uso combinado de estos conceptos no es baladí, la fusión de todos ellos, desde la perspectiva de la ciencia ciudadana permite investigar, analizar y poner en valor un nuevo conocimiento científico con capacidad para transformar la realidad social y mejorar la calidad de vida de los participantes y de la sociedad.

El proceso de investigación y su desarrollo, debe considerar y tratar de contener en la medida de lo posible, todos aquellos elementos que pueden interferir. Sin duda lo más importante, cuando hablamos de participación, es tener en cuenta, la idiosincrasia individual de cada persona participante y como esta individualidad puede ser motivo de conflicto cuando varios sujetos participan en el mismo espacio. La particularidad, complejidad y la personalidad propia es algo intrínseco a las personas, por este motivo el investigador/a debe considerar una serie de cuestiones, dado que si no se controlan pueden hundir el desarrollo de la investigación.

A continuación, se describen algunas cuestiones, que han sido identificadas con este colectivo a partir de proyectos de investigación, liderados por el área de Enfermedades Raras de la Fundación para el Fomento de la Investigación Sanitaria y Biomédica de la Comunitat Valenciana (FISABIO).

El grupo de investigación al que pertenecen las autoras, ha realizado durante la última década diversos proyectos (ver figura 3) de participación ciudadana llevados a cabo con diversas metodologías de investigación y que han dado lugar a resultados exitosos (Holm et al., 2021; Páramo-Rodríguez et al., 2015; Páramo-Rodríguez, Cavero-Carbonell, Guardiola-Vilarroig, et al., 2023; Páramo-Rodríguez L et al., 2019).

Los proyectos de investigación que aquí se presentan obtuvieron financiación española y europea de entidades públicas o privadas. El diseño, la puesta en marcha y la ejecución se realizaron en España (Comunitat Valenciana o Cataluña) durante el período 2013-2021. El personal que trabajó activamente en estos proyectos fue un equipo multidisciplinar conformado por personas con formación en ciencias sociales o sanitarias.

Figura 3: Proyectos realizados desde el área de Enfermedades Raras
de la Fundación FISABIO desarrollados con participación de pacientes
con enfermedades raras

ENFERMEDADES RARAS
Y
PARTICIPACIÓN CIUDADANA

PROYECTOS

1 INVESTIGAR PARA PREVENIR LAS ENFERMEDADES RARAS
PEDIÁTRICAS:
APLICACIÓN A LAS ANOMALÍAS CONGÉNITAS CARDÍACAS

PARTICIPANTES
- Profesionales de atención sanitaria
- Familias(madres y padres) de menores afectados con cardiopatía
congénita

METODOLOGÍA DE INVESTIGACIÓN
- Entrevistas en profundidad
- Grupos focales

FINANCIACIÓN: Fundación Gent x Gent

2 CONVIVIENDO CON LA ENFERMEDAD DE WILSON: LA VISIÓN
DE PACIENTES, FAMILIARES Y PROFESIONALES

PARTICIPANTES
- Profesionales de perfil socio sanitario
- Pacientes adultos (mujeres y hombres)
- Familias (madres y padres) con hijos con Enfermedad de Wilson

METODOLOGÍA DE INVESTIGACIÓN
- Entrevistas en profundidad
- Grupos focales
- Dinàmica grupal

FINANCIACIÓN: Fundació Per Amor a L'Art y Obra Social La Caixa

3 EUROLINKCAT: ESTABLISHING A LINKED EUROPEAN
COHORT OF CHILDREN WITH CONGENITAL ANOMALIES

PARTICIPANTES
- Familias (madres) con menores afectados con fisuras palatinas

METODOLOGÍA DE INVESTIGACIÓN
- Grupos focales

FINANCIACIÓN: Programa de investigación e innovación Horizonte
2020 de la Unión Europea, subvención n.º 733001

4 ANÁLISIS, DETERMINANTES E IMPACTO DE LA DEMORA
DIAGNÓSTICA EN ENFERMEDADES RARAS

PARTICIPANTES
- Pacientes adultos con enfermedad rara sin demora diagnóstica
- Pacientes adultos con enfermedad rara con retraso diagnóstico
- Familias (madres y padres) con menores con y sin demora diagnóstica

METODOLOGÍA DE INVESTIGACIÓN
- Entrevistas grupales online

FINANCIACIÓN: PI18/01290», financiado por Instituto de Salud
Carlos III (ISCIII) y cofinanciado por la Unión Europea

Fuente: Elaboración propia

Las cuestiones a considerar serían:

· Establecer un vínculo "sólido" para fomentar la participación, el contacto telefónico suele funcionar muy bien para establecer el contacto y generar confianza.

A la hora de captar a los participantes, es muy positivo, siempre que sea posible, haber difundido previamente la información sobre el proyecto o investigación bien a través de un informante clave o bien por correo electrónico, carta informativa, redes sociales, etc. Facilitar la hoja de consentimiento informado antes de la cita acordada, refuerza la confianza de la persona. Es recomendable ofrecer de nuevo la hoja informativa y el consentimiento antes de iniciar cualquier dinámica. El personal investigador debe estar disponible para resolver dudas antes de que los participantes otorguen su consentimiento por escrito para la participación.

· Reconfirmar participación y verificar la información (usos y accesos, ubicación, etc.).

A la hora de llevar a cabo las dinámicas donde se requiere la participación, la citación y la confirmación de las personas participantes debe ser lo más real posible, esto puede potenciarse con una llamada el día de antes y con un mensaje en el móvil o correo electrónico el día de la cita a modo de recordatorio. Aunque siempre puede haber imprevistos, un/a participante comprometido con la adecuada implicación del investigador/a minimizará las ausencias o al menos será informado del imprevisto.

· En el momento de la participación, tener una atención y escucha sostenida por la empatía durante todo el trabajo de campo es fundamental para que la colaboración entre investigador/a y el científico ciudadano/a en la investigación, sea óptima.

· Evitar mostrar prejuicios o juzgar a la persona participante, es importante generar espacios y relaciones de confort.

- Favorecer un clima de confianza, comprensión y no juicio para que todas las personas se sientan con la autonomía y la confianza para participar libremente.

- Adaptar la interacción y el lenguaje a niveles adecuados para una fluida y adecuada comunicación.

- Facilitar la expresión emocional y acompañar cuando esa expresión sea muy marcada. Si durante el proceso de investigación se produjeran situaciones emocionales que desembocan en llanto o enfado, es adecuado acompañar a la persona para que se sienta reconocida y no abandone su participación en el proyecto por no sentirse comprendido o avergonzado.

- La participación será conjunta, no obstante, el liderazgo será siempre sostenido por el equipo investigador. Existirá flexibilidad para adaptar la metodología, pero los criterios de inclusión/exclusión serán siempre liderados por los investigadores para no perder rigor, ni calidad científica.

- Preparar con detalle y atención los encuentros de participación. Buscar espacios adecuados y funcionales para la participación. Si la participación prevista son entrevistas, grupos o dinámicas deben llevarse a cabo en la medida de lo posible en lugares neutros, donde ninguna persona participante pueda verse coaccionada o limitada para expresar libremente su opinión o participación y donde estén disponibles los medios necesarios (pizarras, salas de reuniones, cámaras, etc.).

- La participación siempre será adecuada a los medios de los participantes. Se ajustará en caso necesario, los medios, el espacio y/o el lenguaje para potenciar y maximizar la participación. Si existen problemas de comunicación, se dispondrá de los medios para facilitar dicha comunicación, por ejemplo, uso de pictogramas, tarjetas comunicativas o dinámicas facilitadoras.

Las recomendaciones mencionadas, serán tenidas en cuenta durante las sesiones de participación (también denominadas trabajo de campo).

La metodología de investigación y técnicas empleadas para la recogida de información (ver figura 4), serán escogidas teniendo en consideración la fortaleza principal de cada una de ellas, pero priorizando la elección de una técnica frente a otra según los objetivos de cada proyecto y por adecuación al perfil de los participantes.

No obstante, en algunos proyectos, puede ser muy beneficioso la combinación de varias técnicas para acometer exitosamente los objetivos planteados.

Figura 4: Metodología de investigación para la recogida de información en los proyectos de participación ciudadana en pacientes con enfermedades raras.

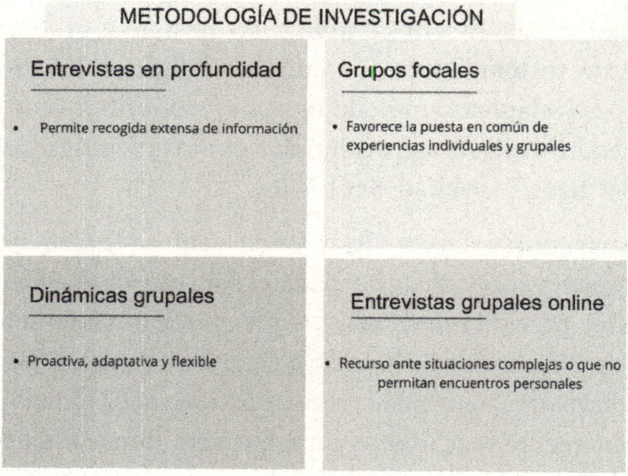

METODOLOGÍA DE INVESTIGACIÓN

Entrevistas en profundidad

• Permite recogida extensa de información

Grupos focales

• Favorece la puesta en común de experiencias individuales y grupales

Dinámicas grupales

• Proactiva, adaptativa y flexible

Entrevistas grupales online

• Recurso ante situaciones complejas o que no permitan encuentros personales

Fuente: Elaboración propia

En cualquier caso, e independientemente de la metodología escogida, es recomendable generar un ambiente cómodo para que la aportación sea fluida entre los participantes, algunos detalles serían aportar agua o alguna bebida como café o zumo. También facilita y aporta confort disponer de algo de comida, como galletas, bombones o algo de fruta.

Una vez finalizada la sesión donde han participado, hay que agradecer a las personas asistentes su tiempo y compromiso con la investigación. Agradecimiento que puede hacerse también vía correo electrónico un par de días después del encuentro y aprovechar la circunstancia para compartir fotos o imágenes si se realizaron durante el desarrollo de la participación. Incluso proporcionarles certificados de asistencia o participación. Es muy importante agradecer y emplazar a las personas participantes a la fase de conclusiones o divulgación de los resultados.

En definitiva, implicar a personas con enfermedades raras en proyectos de investigación, involucrándose desde una participación activa desde el enfoque de la participación ciudadana, es sin duda un reto y una oportunidad. Un reto porque supone romper con un modelo de investigación muy jerarquizado, donde investigador y sujeto son entes independientes, y los resultados son cuantitativos, a un modelo más horizontal y democratizado, sostenido desde un paradigma cualitativo, donde ambos perfiles son generadores de conocimiento y resultados.

La participación de personas con enfermedades raras aunque tiene numerosas ventajas, también presenta algunas limitaciones que es necesario tener en cuenta. Las limitaciones más notables cuando se llevan a cabo este tipo de investigaciones suelen ser:

- La negativa a firmar el consentimiento informado; ante lo cual la persona podría participar en la sesión pero sus datos, testimonio o aportaciones no podrían ser utilizados para el análisis, ni para la explotación de datos. De igual modo si durante la sesión se genera material (gráfico como fotos o vídeos) y su uso no ha sido ratificado, no debe ser usado.

- La participación de menores, el testimonio o experiencia siempre será mediada por sus progenitores legales u otros familiares autorizados.

- Las discapacidades físicas, comunicativas o cognitivas asociadas a algunas enfermedades raras. En estos casos la pericia del equipo investigador dispondrá y adaptará la participación mediante las alternativas disponibles para ajustarse y potenciar la participación en igualdad de condiciones de todos los participantes. Por ejemplo en participantes con dificultades de comunicación pero no cognitivas en lugar de realizar un grupo focal se organizó una sesión a través de tarjetas de comunicación.

- Las barreras arquitectónicas también pueden ser un hándicap si las personas participantes tienen movilidad reducida, en la medida de lo posible, un buen conocimiento sobre la enfermedad permite saber si esto es una realidad presente o no entre los participantes. En los casos en los que existan, se buscarán espacios adecuados y accesibles.

Incorporar la participación ciudadana de manera general y en especial, articular la participación de personas con enfermedades raras, incrementa la producción de conocimiento científico. La participación en un entorno favorable puede contribuir al empoderamiento, dado que la enfermedad es poco frecuente y su participación es muy importante para el investigador y para el propio paciente. Así mismo se ha constatado, que la participación de estas personas mejora el autoconocimiento de su enfermedad, y esto es aplicable a la persona enferma y también al entorno familiar. Además, es una oportunidad para iniciar relaciones entre iguales y potenciar el asociacionismo. El movimiento asociativo fue el punto de tracción para hacer visibles las enfermedades raras en el entorno social. Hoy día este movimiento sigue siendo catalizador de la visibilidad de las enfermedades raras a nivel social, tanto en España como a nivel mundial.

La experiencia de participación ciudadana de pacientes con enfermedades raras y sus familias presentadas anteriormente es el ejemplo práctico, de cómo la investigación ha permitido recoger el testigo e incorporar a los pacientes no como variables a investigar sino como sujetos activos, necesarios e insustituibles.

La potencialidad de este modelo es positiva para la investigación y para los participantes, dado que la colaboración coordinada y conjunta permite que los investigadores desarrollen sus proyectos de manera exitosa y permite a los participantes adquirir conocimientos, argumentos y habilidades para la toma de decisiones sanitarias y personales que pueden revertir directamente en su propia calidad de vida.

Todas estas cuestiones, se han tenido en cuenta en el marco del proyecto de investigación titulado "Identificación de las necesidades sociosanitarias de pacientes con enfermedades raras (ER): procesamiento del flujo comunicativo en redes sociales" financiado por la Conselleria de Educación, Universidades y Empleo de la Generalitat Valenciana, España (CIAICO/2022/188)[16].

El objetivo principal de este estudio estaba centrado en identificar las necesidades sociosanitarias de pacientes con ER aplicando las nuevas herramientas en Procesamiento del Lenguaje Natural (PLN) al flujo comunicativo en redes sociales

Considerando la participación de personas vinculadas con enfermedades raras un eje esencial para el desarrollo y análisis de este proyecto, se llevó a cabo un grupo focal con diferentes perfiles con la finalidad de sondear las percepciones y opiniones sobre el uso e información existentes en redes sociales en relación a las enfermedades raras, como punto de arranque para orientar el análisis cuantitativo previsto para cumplir con el objetivo principal.

Este grupo fue llevado a cabo por investigadores del proyecto en diciembre de 2022 en la Universitat de València, en la figura 5 se muestran algunas características sociodemográficas básicas de las personas que participaron.

Figura 5: Características de las personas participantes en el grupo focal

Grupo	
Ubicación	Valencia (Universitat de València)
Duración	1 h 40' 58''
Periodo estudio	15/12/23
Participantes	N= 9
Sexo	6 mujeres 3 hombres
Perfil	4= Representantes de entidades asociativas 2= Personal facultativo 1= Madre con hijo con enfermedad rara 1= Padre con hija con enfermedad rara 1= Director de cine inclusivo

Fuente: Elaboración propia

16.   Más información en www.reder.es

Las personas informantes en dicho grupo establecieron un diálogo acerca del uso de las redes sociales por parte de las entidades y asociaciones de pacientes de enfermedades raras que representaban. Se destacó la importancia de la visibilidad, la investigación y la recaudación de fondos a través de las redes sociales y la potencialidad de su uso. También se mencionó la necesidad de tener herramientas que faciliten filtrar la información y evitar la difusión de bulos o información errónea.

Se habló sobre el impacto positivo que puede tener el deporte y la exposición mediática de personas con enfermedades raras, un foco potencial para la captación de fondos para impulsar la investigación en enfermedades concretas. Esta experiencia fue relatada en primera persona por un participante que verbalizó las luces y las sombras de esta "sobreexposición" y los costes personales y emocionales que se produjeron en su entorno personal y familiar.

Se discutió sobre la representación de la vida diaria en las redes sociales (realidad parcial o sobreactuación), y se destacó la importancia de proteger la privacidad, en este aspecto, no se remarcó ningún apunte sobre la exposición de menores en redes sociales.

El impacto positivo que puede tener la presencia de enfermedades raras o la discapacidad en redes sociales y a través de otros medios (documentales, cortos, vídeos promocionales, etc.) se puso en valor, como una poderosa herramienta para darse a conocer, para generar conciencia, empoderar a personas recién diagnosticadas, hacer visibles las dificultades y su adaptación a la rutina diaria, y un medio eficaz para conseguir publicidad, recaudar fondos y contratos de marketing. Bien desde una posición individual (a través de la propia persona afectada o de sus cuidadores principales en el caso de menores) o bajo el paraguas de las asociaciones. En este aspecto sí que se discutió sobre si la imagen, derechos y/o beneficios generados son de la propia persona o de la entidad de la que forma parte.

Hubo debate en torno al impacto de las redes sociales en la exposición de enfermedades raras y la forma en que se presenta la enfermedad en las redes sociales; destacando que existe una línea muy sutil entre ser visible y dar pena, no obstante, todo es loable y lícito si quién muestra su imagen lo hace voluntaria y altruistamente.

Finalmente se destacó la importancia de la coordinación y el trabajo en red entre las asociaciones, pacientes y los profesionales sanitarios. Principalmente por la necesidad de tener cuidado con la información errónea que en ocasiones circula en las redes sociales y que no siempre parte de una base científica y veraz. Asimismo, también se pusieron de manifiesto sobre los problemas y beneficios de las redes sociales para el sector sanitario y para el ámbito médico y como las redes pueden ser una fuente plausible de financiar proyectos de investigación con el dinero generado por la publicidad en las redes sociales.

Los resultados aquí descritos (Páramo L., Cavero C., Zurriaga O et.al.,2024) fueron presentados con mayor detalle en la *XLII Reunión Anual de la Sociedad Española de Epidemiología (SEE) y XIX Congreso da Associação Portuguesa de Epidemiologia (APE)*, celebrada en Cádiz del 11-13 de septiembre de 2024.

REFERENCIAS:

ABT SACKS, A., PABLO HERNANDO, S., SERRANO AGUILAR, P., FERNÁNDEZ VEGA, E.,y MARTÍN FERNÁNDEZ, R. Necesidades de información y uso de Internet en pacientes con cáncer de mama en España. *Gaceta Sanitaria*, 27, 2013, pp.241-247. https://doi.org/10.1016/j.gaceta.2012.06.014

ALFONSO FARNÓS, I., y ALCALDE BEZHOLD, G. Investigación clínica en enfermedades raras: nuevos retos, oportunidades e implicaciones éticas. *Anales de Pediatría*, 9, 2020, pp. 219-221. https://doi.org/10.1016/j.anpedi.2020.06.029

AMEZCUA, M., y GÁLVEZ TORO, A. Los modos de análisis en investigación cualitativa en salud: perspectiva crítica y reflexiones en voz alta. *Revista Española de Salud Pública*, 76, 2002, pp.423-436.

ARENAS Q., B., TORO DÍAZ, J., y VIDARTE CLAROS, J. A. Concepto de investigación. *ÁNFORA*, 8, 2000, pp. 87–90. https://doi.org/10.30854/anf.v8.n15.2000.299

ARIAS, R., SALAS SEOANE, N., BURBANO, J., & HERNANDEZ, M. Validation of Citizen Observations to Assess the Odour Impact: the Barcelona Case

Study of D-*NOSES*. *Chemical Engineering Transactions*, 95, 2002, pp.121-126. https://doi.org/10.3303/CET2295021

BERTRAM, M. G., SUNDIN, J., ROCHE, D. G., SÁNCHEZ-TÓJAR, A., THORÉ, E. S. J., & BRODIN, T. *Open science. Current Biology*, 33, 2023, pp.792-797. https://doi.org/10.1016/j.cub.2023.05.036

CHANDLER, M., SEE, L., COPAS, K., BONDE, A. M. Z., LÓPEZ, B. C., DANIELSEN, F., LEGIND, J. K., MASINDE, S., MILLER-RUSHING, A. J., NEWMAN, G., ROSEMARTIN, A., & TURAK, E. Contribution of citizen science towards international biodiversity monitoring. *Biological Conservation*, 213, 2017, pp.280-294. https://doi.org/10.1016/j.biocon.2016.09.004

COFFEY, C., ESPINOZA REVOLLO, P., HARVEY, R., LAWSON, M., PARVEZ BUTT, A., PIAGET, K., SAROSI, D., & THEKKUDAN, J. Tiempo para el cuidado: El trabajo de cuidados y la crisis global de desigualdad. [en línea], (2019),<https://oxfami-library.openrepository.com/handle/10546/620928/> [Consulta: 26/87/2024.]

DE SHERBININ, A., BOWSER, A., CHUANG, T.-R., COOPER, C., DANIELSEN, F., EDMUNDS, R., ELIAS, P., FAUSTMAN, E., HULTQUIST, C., MONDARDINI, R., POPESCU, I., SHONOWO, A., & SIVAKUMAR, K. The Critical Importance of Citizen Science Data. *Frontiers in Climate*, 3, 2021, pp.1-7. https://doi.org/10.3389/fclim.2021.650760

DONADIO, D., & TERRY, S. F. The Application of Artificial Intelligence in the Diagnosis of Cancer and Rare Genetic Diseases. *Genetic Testing and Molecular Biomarkers*, 27, 2023, pp.203-204. https://doi.org/10.1089/gtmb.2023.29074.persp

FRIGOLET, M. E., y GUTIÉRREZ-AGUILAR, R. Ciencias "ómicas", ¿cómo ayudan a las ciencias de la salud? *Revista Digital Universitaria*, 18, 2017, pp.1-16. https://doi.org/10.22201/codeic.16076079e.2017.v18n7.a3

GARCIA-SOTO, C., SEYS, J. J. C., ZIELINSKI, O., BUSCH, J. A., LUNA, S. I., BAEZ, J. C., DOMEGAN, C., DUBSKY, K., KOTYNSKA-ZIELINSKA, I., LOUBAT, P., MALFATTI, F., MANNAERTS, G., MCHUGH, P., MONESTIEZ, P., VAN DER MEEREN, G. I., & GORSKY, G. Marine Citizen Science: Current State in Europe and New Technological Developments. *Frontiers in Marine Science*, 8, 2021, pp. 1-13. https://doi.org/10.3389/fmars. 2021.621472

GARCÍA, P. G. Las redes sociales en la investigación social: ¿Se ha de desarrollar nuevas metodologías o se ha de adaptar a las ya existentes? *Miscelánea Comillas. Revista de Ciencias Humanas y Sociales*, 80, 2022, pp.407-428. https://doi.org/10.14422/MIS.V80.I157.Y2022.009

GÓMEZ-ZÚÑIGA, B., PULIDO, R., POUSADA, M., & ARMAYONES, M. The Role of Parent/Caregiver with Children Affected by Rare Diseases: Navigating between Love and Fear. *International Journal of Environmental Research and Public Health*, 18, 2021, 3724. https://doi.org/10.3390/ijerph18073724

GÓMEZ DE LAS HERAS, K. Los problemas de las enfermedades raras en España. *Revista Clínica de Medicina de Familia*, 10, 2017, pp.65-68.

HAENDEL, M., VASILEVSKY, N., UNNI, D., BOLOGA, C., HARRIS, N., REHM, H., HAMOSH, A., BAYNAM, G., GROZA, T., MCMURRY, J., DAWKINS, H., RATH, A., THAXTON, C., BOCCI, G., JOACHIMIAK, M. P., KÖHLER, S., ROBINSON, P. N., MUNGALL, C., & OPREA, T. I.How many rare diseases are there? *Nature reviews. Drug discovery*, 19, 2020, pp.77-78. https://doi.org/10.1038/d41573-019-00180-y

HOLM, K. G., NEVILLE, A. J., PIERINI, A., LATOS BIELENSKA, A., JAMRY-DZIURLA, A., CAVERO-CARBONELL, C., GARNE, E., & CLEMENSEN, J. The Voice of Parents of Children With a Congenital Anomaly – A EUROlinkCAT Study. *Frontiers in Pediatrics*, 29, 2021, pp.1-8. https://doi.org/10.3389/FPED.2021.654883

HUMPHREY MARSHALL, T. Ciudadanía y clase social. *Revista Española de Investigaciones Sociológicas*, 1997, pp.297-346.

JIMÉNEZ RUIZ, I., y MOYA NICOLÁS, M. La cuidadora familiar: sentimiento de obligación naturalizado de la mujer a la hora de cuidar. *Enfermería Global*, 17, 2017, pp.420-433. https://doi.org/10.6018/eglobal.17.1.292331

LOBATO LÓPEZ, C., BADILLO-VEGA, R., y BAUTISTA-VALDIVIA, J. Ciencia abierta como una nueva forma de hacer investigación. *Diálogos sobre educación*, 26, 2022, pp.1-26,. https://doi.org/10.32870/dse.v0i26.1230

LÓPEZ-VILLAFRANCA, P., y CASTILLO-ESPARCIA, A. El encuadre de las enfermedades raras en los medios de comunicación españoles. *Observatorio Journal*, 12, 2018, pp. 136-155. http://scielo.pt/scielo.php?script=sci_arttext&pid=S1646-59542018000200009&lng=pt&nrm=iso&tlng=es

MAYOBRE, P., y VÁZQUEZ, I. Cuidar cuesta: Un análisis del cuidado desde la perspectiva de género / The Cost of Care: an Analysis of Care from the Gender Perspective. *Revista Española de Investigaciones Sociológicas*, 151, 2015, pp.83-100. https://doi.org/10.5477/cis/reis.151.83

Ministerio de Sanidad, España. (2023). Informe ReeR. 2023 Situación de las Enfermedades Raras en 2010-2021.

MONTSERRAT MOLINER, A., & WALIGORA, J. The European Union policy in the field of rare diseases. *Advances in Experimental Medicine and Biology*, 1031, 2017, pp. 561-587. https://doi.org/10.1007/978-3-319-67144-4_30

NEFF, M., STORF, H., VASSEUR, J., SCHEIDT, J., ZERR, T., KHOURI, A., & SCHAAF, J. Identifying project topics and requirements in a citizen science project in rare diseases: a participative study. *Orphanet Journal of Rare Diseases*, 17, 357, 2022, pp. 1-12. https://doi.org/10.1186/s13023-022-02514-3

Observatorio sobre Enfermedades Raras. FEDER. (2017). Movimiento asociativo de Enfermedades Raras en España.

ORDOÑEZ, J. El Open Access: Un medio para la democratización del conocimiento. *Revista de la educación superior*, 52, 2023, pp.85-102. https://doi.org/10.36857/RESU.2023.205.2371

PÁRAMO-RODRÍGUEZ, L., CAVERO-CARBONELL, C., GUARDIOLA-VILARROIG, S., LÓPEZ-MASIDE, A., GONZÁLEZ SANJUÁN, M. E., y ZURRIAGA, Ó. Demora diagnóstica en enfermedades raras: entre el miedo y la resiliencia. *Gaceta Sanitaria*, 37, 2023, pp. 1-7. https://doi.org/10.1016/J.GACETA.2022.102272

PÁRAMO-RODRÍGUEZ, L., CAVERO-CARBONELL, C., Y ZURRIAGA-LLORENS, Ó. De grupos focales a entrevistas grupales en red: adaptación a la e-investigación ante la COVID-19. *Transatlantic Studies Network*, 14, 2022, pp.126-134.

PÁRAMO-RODRÍGUEZ, L., MAS PONS, R., CAVERO-CARBONELL, C., MARTOS-JIMÉNEZ, C., ZURRIAGA, Ó., y BARONA VILAR, C. (2015). A corazón abierto: vivencias de madres y padres de menores con anomalías congénitas cardiacas. *Gaceta Sanitaria*, 29, 2015, pp.445-450. https://doi.org/10.1016/j.gaceta.2015.07.009

PÁRAMO RODRÍGUEZ, L. Invisibles: enfermedades raras, cuidados y perspectiva de género, 2023 [Universitat de València]. https://hdl.handle.net/10550/97927

PÁRAMO RODRÍGUEZ L, ZURRIAGA LLORENS Ó, GONZÁLEZ SANJUÁN ME, y CAVERO CARBONELL C. La enfermedad de Wilson: las diversas perspectivas del profesional sanitario, afectado y familiar. *Revista española de salud publica*, 93, 2019, pp.1-10.

PÁRAMO L., CAVERO C., ZURRIAGA O., BARRACHINA L., GARCIA L., SOLVES J.A., TUR V., SÁNCHEZ S. Y MARTOS C. Influencers, redes sociales y enfermedades Raras: ¿Oportunidad o necesidad? XLII Reunión Científica de la Sociedad Española De Epidemiología XIX Congreso Da Associação Portuguesa de Epidemiologia. *Gaceta Sanitaria* 38, 2024, pp. 215.

PARRA, A., FERREIRO, H., OLAGUÍBEL, J. M., GARCÍA, B. E., MINA, C., AZAN-ZA, C., DEL AMO, C., PARRA, A., HOSPITAL, A. A., CANALEJO, J., SIR, P., MOORE, J., y CORUÑA, A. Associations of allergic and asthmatic patients in Europe. *An. sis. sanit. Navar*, 26, 2003, pp.147-153.

PEREA ACEITUNO, M., DUEÑAS CAÑAS, C., AGRA VARELA, Y., PALAU MAR-TÍNEZ, F., VARELA AGRA, Y., y APARICIO AZCÁRRAGA, P. Día Mundial de las Enfermedades Raras. *Revista Española de Salud Pública*, 96, 2022, pp.1-3. https://ojs.sanidad.gob.es/index.php/resp/article/view/239

PÉREZ ANDRÉS, C. Sobre la metodología cualitativa. *Revista Española de Salud Pública*, 76, 2002, pp.373-380.

POSADA DE LA PAZ, M., ALONSO-FERREIRA, V., Y BERMEJO-SANCHEZ, E. Enfermedades raras. Los Libros de la Catarata: Instituto de Salud Carlos III. 2016. https://doi.org/10.4321/REPISALUD.7277

PURCELL, K., PELACHO, M., SERRANO, F., ROJAS, M., ESCOBAR, S., y PÉREZ, M. Guía para conocer la Ciencia Ciudadana. Fundación Ciencia Ciudadana, 2017.

RAMOS-FUENTES, F., GONZÁLEZ-MENESES, A., ARS, E., & HERNÁNDEZ-JA-RAS, J. Genetic Diagnosis of Rare Diseases: Past and Present. *Advances in Therapy*, 37, 2020, pp.29-37. https://doi.org/10.1007/S12325-019-01176-1/METRICS

ROLDÁN TOVAR, L., MUÑOZ COBOS, F., y MARTOS CRESPO, F. Internet como fuente de datos en investigación cualitativa en ciencias de la salud. Comunidades virtuales de pacientes. *Index de enfermería digital*, 32, 2021, pp.1-5. https://doi.org/10.58807/indexenferm20234361

ROSAS, L. G., RODRIGUEZ ESPINOSA, P., MONTES JIMENEZ, F., & KING, A. C. The Role of Citizen Science in Promoting Health Equity. *Annual review of public health*, 43, 2002, pp.215-234. https://doi.org/10.1146/ANNUREV-PU-BLHEALTH-090419-102856

ROWBOTHAM, S., WALKER, P., MARKS, L., IRVING, M., SMITH, B. J., & LAIRD, Y. Building capacity for citizen science in health promotion: a collaborative knowledge mobilisation approach. *Research Involvement and Engagement*, 9, 2023, pp. 1-9. https://doi.org/10.1186/s40900-023-00451-4

SÁNCHEZ-CASTILLO, S., y MERCADO-SÁEZ, M.-T. Sufro una grave enfermedad rara. Reto a cantar y hacer coreografías en TikTok. *El Profesional de la información*, 30, 2021, pp. 1-17. https://doi.org/10.3145/epi.2021.jul.14

SANTOS DIEZ, M. T., y PEREZ DASILVA, J. Á. Las enfermedades raras y su representación en la prensa española. *Palabra Clave–Revista de Comunicación*, 22, 2019, pp.254-287. https://doi.org/10.5294/pacla.2019.22.1.10

SAWYER, S. L., HARTLEY, T., DYMENT, D. A., BEAULIEU, C. L., SCHWARTZENTRUBER, J., SMITH, A., BEDFORD, H. M., BERNARD, G., BERNIER, F. P., BRAIS, B., BULMAN, D. E., WARMAN CHARDON, J., CHITAYAT, D., DELADOËY, J., FERNANDEZ, B. A., FROSK, P., GERAGHTY, M. T., GERULL, B., GIBSON, W., & BOYCOTT, K. M. Utility of whole exome sequencing for those near the end of the diagnostic odyssey: time to address gaps in care. *Clinical Genetics*, 89, 2016, pp.275-284. https://doi.org/10.1111/cge.12654

SCHAAF, J., KHOURI, A., ZERR, T., SCHEIDT, J., NEFF, M., & STORF, H. Rare Diseases in Citizen Science – Preliminary Experiences in Developing a Personal Health App. *Studies in Health Technology and Informatics*, 310, 2024, pp.1151-1155. https://doi.org/10.3233/SHTI231145

SERRANO-SANZ, F., HOLOCHER-ERTL, T., KIESLINGER, B., SANZ, F., & SILVA, C. G. White Paper on Citizen Science. En Socientize Consortium, 2014.

SERRANO, M. La sociedad civil y las enfermedades raras. *Arbor*, 194, 2018, pp.459-465. https://doi.org/10.3989/arbor.2018.789n3001

SUBRAHMANYA, S. V. G., SHETTY, D. K., PATIL, V., HAMEED, B. M. Z., PAUL, R., SMRITI, K., NAIK, N., & SOMANI, B. K. The role of data science in healthcare advancements: applications, benefits, and future prospects. *Irish Journal of Medical Science*, 191, 2022, pp. 1473-1483. https://doi.org/10.1007/s11845-021-02730-z

VICENTE, E., ARDANAZ, E., RAMALLE-GÓMARA, E., ECHEVARRÍA, L. J., MIRA, M. P., CHALCO-ORREGO, J. P., BENITO, C., GUARDIOLA-VILARROIG, S., MALLOL, C., GUINALDO, J. M., CARRILLO, P., CÁFFARO, M., COMPÉS, M. L., CARO, M. N., ALONSO, V., y SOLER, P. Surveillance of rare diseases in Spain: Spanish Registry of Rare Diseases (ReeR). *Revista española de salud publica*, 95, 2021, pp.1-18.

VILLEGAS-MAESTRE, J. D., y CORRALES-REYES, I. E. Uso de las redes sociales como medio para "socializar la ciencia". *Revista Cubana de Información en Ciencias de la Salud*, 2022, 33.

Comunicación digital y discapacidad. Aproximación a un tema de especial relevancia social

Miguel Bañón Fernández
Universitat de València

A MODO DE INTRODUCCIÓN

En los últimos años se ha hablado mucho de *tecnodependencia* como una de las consecuencias negativas de la hiperconexión en la que vivimos. Pero quienes lo han hecho también han destacado, a la vez, la incidencia positiva que lo digital y las redes sociales tienen en las personas con discapacidad, especialmente en los jóvenes (Montesano 2014). Esta es una de las principales paradojas a las que nos enfrentamos cuando tratamos de investigar las conexiones entre comunicación digital y discapacidad: lo que para unos es dependencia para otros (justamente los considerados "dependientes") es independencia.

En efecto, en un contexto en el que el aislamiento, lamentablemente, tiene una presencia intensa en la vida de quienes tienen una discapacidad física o mental e incluso de sus familias (Ruffinelli y Britos 2020; Góngora 2013), no puede medirse de la misma manera la intensidad de uso de la comunicación digital en este colectivo que cuando valoramos los usos de la comunicación mediada por ordenador o por dispositivos móviles por parte de quienes no tienen esas discapacidades. No puede ser casualidad que asociaciones como la almeriense *A Toda Vela* incluyan entre sus proyectos prioritarios el denominado "Ayuda a hacer amigos a personas con discapacidad intelectual" (https://atodavela.org/ayuda-amigos-discapacidad-intelectual).

Siendo así, se hace más necesaria aún, si cabe, la reflexión sobre lo positivo y lo menos positivo que la comunicación digital tiene sobre las personas con discapacidad. Y sobre si el ritmo de crecimiento y perfeccionamiento de herramientas digitales se acompasa bien con las diversas necesidades de este colectivo. Pensemos, por ejemplo, en la impresionante irrupción de la Inteligencia Artificial en nuestras vidas y su ajuste a personas con autismo (García 2024).

En realidad, es este un ámbito complejo que habría que abordarse también de manera extensa y, en la medida de lo posible, interdisciplinar. En el presente trabajo, hemos extraído algunas de las cuestiones que consideramos más relevantes, aun siendo conscientes de que habría mucho más que decir y muchas más cuestiones que tratar. En primer lugar, tras esta introducción, ofreceremos un bosquejo general a propósito de las utilidades y de las aplicaciones reales de la comunicación digital en el ámbito de las personas con discapacidad (epígrafe 1), para profundizar a continuación en los procesos comunicativos que se desarrollan en las personas con discapacidad a través de la comunicación digital (epígrafe 2). A continuación, nos proponemos reflexionar sobre las brechas y los puentes en comunicación digital (epígrafe 3) y sobre la representación de la discapacidad en el mundo digital (epígrafe 4). El epígrafe 5 nos ofrece una muestra de creadores digitales con discapacidad, y el 6 presenta otra selección; esta vez de herramientas y protocolos dirigidos a mejorar la experiencia o el acceso a la comunicación digital. Nuestra mirada se centra en la comunicación, pero, inevitablemente, también hemos acudido a fuentes procedentes de otras disciplinas.

Dejamos para otra investigación temas tan interesantes como la presencia de la persona con discapacidad no sólo como consumidora, sino también como prosumidora en entornos comunicativos digitales.

1. SOBRE UTILIDADES Y APLICACIONES REALES DE LA COMUNICACIÓN DIGITAL

1.1. Personas con discapacidad

La comunicación digital provee a este sector de la población de un factor que iguala su presencia en la vida pública, al mismo tiempo que facilita su participación en el relato y fluidifica su presencia en el debate público. La persona con discapacidad pasa de ser un actor secundario, relegado históricamente a un papel anecdótico en la historia que se cuenta, a un componente vital de la discusión pública. Pasa de receptor a emisor; obtiene libertad a la hora de reivindicar sus derechos propios, de hablar de sus dificultades diarias y de comunicar sus propias opiniones, sin intermediarios (Alper 2017).

Las personas con discapacidad no conforman un grupo homogéneo, evidentemente. Son diversas las categorías que podemos identificar en el colectivo y, dependiendo de las características asociadas a cada una de ellas, se observarán unos u otros beneficios o perjuicios en los usos comunicativos en entornos digitales. Hay que estar atentos a "la importancia de analizar la brecha digital tomando como referencia los distintos tipos de discapacidad, sugiriendo no tratar solo la misma de forma homogénea", recuerdan Martínez y Esteve (2022: 112). En general, demuestran que, gracias a la comunicación digital, las personas con discapacidad pueden relacionarse mejor con los demás, pueden acceder a la formación y a la educación, disfrutar del ocio, tener mejores opciones de trabajo, percibirse como menos dependientes y hacer gestiones, simples y complejas, desde casa (2022: 118).

Proponemos algunas ideas complementarias en el sentido apuntado en los párrafos anteriores.

a) Discapacidad física. La comunicación digital facilita claramente la integración de la persona con discapacidad física en las dinámicas grupales y en el debate público. Hace unos años, cuando todavía no existían las redes sociales ni los diversos métodos de comunicación digital que tenemos en la actualidad, una persona con movilidad reducida se veía relegada a su vida privada y a sus círculos sociales, generalmente reducidos a otras personas con discapacidad, ya que eran muchas las dificultades para acceder a eventos presenciales. En esa situación, era imposible demostrar capacidades discursivas, calidad de la formación, pericia divulgativa o inquietudes reivindicativas.

b) Discapacidad psíquica y neurológica. Las personas con discapacidades psíquicas y/o neurológicas se benefician de una forma muy similar a las personas con diversidades funcionales físicas; inclusión y democratización comunicativa son los principales elementos que entran en acción. La percepción prejuiciosa, desde hace décadas denunciada, puede aliviarse, al menos (Furnham y Pendred, 1983). También existe una peculiaridad en este caso, muy importante, y es que la capacidad de transcripción que ofrece la tecnología hace que una persona que haya perdido la capacidad del habla pueda comunicarse de forma más o menos fluida de forma escrita.

c) Discapacidad sensorial. Si entramos en el terreno de las discapacidades sensoriales, asociadas a carencias en alguno de nuestros sentidos, los beneficios pueden ser los mismos que puedan tener las personas con diversidades neurofuncionales. Sin embargo, la característica diferenciadora principal se puede apreciar cuando entran en acción las personas con trastornos del espectro autista, TDAH o Síndrome de Asperger, por ejemplo. Suelen ser personas con grandes dificultades a la hora de integrarse en la sociedad. Las comúnmente conocidas como "discapacidades invisibles" (Romero-Enríquez 2023) convierten a estos actores en personas con un grandísimo potencial comunicativo que no pueden desarrollarlo del todo debido a su extrema sensibilidad a los estímulos del entorno, como la contaminación acústica, las luces de gran intensidad o las convenciones sociales. Al no exponerse a estos elementos de forma directa desde su casa, estas personas aumentan su integración en el debate público y consiguen desarrollar su discurso en mejores condiciones.

1.2. Trabajador con discapacidad

Dotamos a este segundo actor principal de entidad propia dado que sus peculiaridades son especialmente interesantes de analizar, como también lo es la necesidad de llevar lo más lejos posible la reconfiguración de los espacios de trabajo para las personas con discapacidad (Hall 1999). También los virtuales, convendría añadir.

Según el Instituto Nacional de Estadística, en el año 2022 la tasa de población española con algún tipo de discapacidad activa laboralmente era del 35,3%, 42,7 puntos menos que la población que no padece ningún tipo de discapacidad que, efectivamente, también trabajaba.

A su vez, si centramos el foco en las personas jóvenes con discapacidad, según el informe redactado por la Fundación Adecco, en colaboración con JYSK, la tasa de paro que se presenta en este sector de la población es un 70% superior a la del resto de jóvenes en España, alcanzando un 58,1%, frente al 34% general. Además, un 61,4% de la población con discapacidad es parado de larga duración.

Teniendo estos datos en cuenta, es lógico pensar que la comunicación digital otorga al joven con discapacidad de poderosas herramientas tanto a la hora de obtener empleo, como a la hora de conseguir un puesto de trabajo adaptado a sus necesidades. Es mucho más accesible crear un portfolio y un currículum digital, que uno físico; al igual que lo es hacer circular los documentos acreditativos a través de redes sociales, aplicaciones de búsqueda de trabajo y buzones digitales de empresas que hacerlo de forma presencial.

Por último y a modo de ejemplo, podemos mencionar que los medios de comunicación digitales son especialmente importantes, pues ofrecen la capacidad de teletrabajar en redacciones digitales; son puestos de trabajo que se adaptan a las mil maravillas a las necesidades de las personas con discapacidades de todo tipo (Vélez 2013).

1.3. Organizaciones de personas con discapacidad

Es un actor multifactorial. Las personas con discapacidad tienen especiales dificultades a la hora de socializar fuera de sus domicilios y de, en definitiva, encontrar espacios comunes con otras personas sin discapacidad. Según el Centro Especial de Empleo APTA (2023), existen 4 estrategias fundamentales para fomentar la vida social y la participación comunitaria de las personas con discapacidad: la promoción de la autodeterminación para empoderar a estas personas y convertirles en agentes activos de sus propias vidas y de la sociedad, el apoyo individualizado para evaluar las necesidades de cada persona con discapacidad y conocer sus intereses, desafíos y metas personales, la creación de espacios inclusivos y la fundación de redes de apoyo y mentoría, a través de las cuales las personas con discapacidad puedan obtener el asesoramiento de otras personas con diversidades funcionales iguales o parecidas y obtener orientación y empatía. Cada una de estas estrategias, además, ha merecido la atención específica de especialistas en discapacidad (por ejemplo, Vicente et al. 2018).

Es evidente que la comunicación digital aporta a las personas con discapacidad una potencial y poderosa capacidad de asociacionismo (Lorente y Sevilla 2023). Ya no solo permite a una persona relacionarse con otras sin depender de barreras arquitectónicas, posible fatiga física, prejuicios sociales e innumerables dificultades más, sino que también facilita la capacidad de agrupación y colectivización, posibilitando la conversación entre varias personas con discapacidad y fomentando su desarrollo identitario. Además, si trasladamos el caso a las asociaciones de corte oficial, conformadas por personas con discapacidades de todo tipo, también se puede observar que trasladar su mensaje y captar nuevos integrantes se vuelve mucho más eficiente gracias a la comunicación digital.

En resumen, cuando hablamos de asociacionismo y organización de personas con discapacidad que se benefician especialmente de la comunicación digital, podemos distinguir dos categorías:

a) De corte oficioso. Simple y llanamente, organizaciones sociales de ciudadanos mostrándose apoyo mutuo. Personas que encuentran un lugar común gracias a las redes sociales, los videojuegos con componente *online*, las noticias que se tratan en los medios de comunicación y que consiguen que estas personas se vean representadas en los testimonios que en ellas se recogen, etc. En definitiva, las agrupaciones que surgen de la empatía y del sentimiento de colectividad; aquellas conformadas por personas que se saben pertenecientes a un colectivo históricamente oprimido, represaliado y olvidado. Gracias a la necesidad de hablar de sus problemas con otras personas que muestran total comprensión, pues normalmente se trata de problemáticas comunes, y también beneficiarias del fomento de la socialización de forma domiciliaria que ofrece la comunicación digital, se crean redes de apoyo imprescindibles.

b) De corte oficial. Asociaciones, agrupaciones u organizaciones con reconocimiento estatal, autonómico, provincial o incluso local que pretenden representar a ciertos colectivos concretos para reivindicar sus derechos (Díaz 2008). La organización asociativa en el mundo de la discapacidad presenta una heterogeneidad marcada y difícil de categorizar. Se combinan asociaciones que representan única y exclusivamente a un sector de la población con patologías o diversidades funcionales concretas, con otras que intentan abarcar un poco más allá, para crear redes de apoyo más grandes y sólidas. También se pueden observar diferencias ideológicas entre asociaciones, siendo este un conflicto de intereses principal de aquellas que chocan entre sus posturas conservadoras y progresistas, como puede ser el caso, por ejemplo, del colectivo de personas de la ONCE, históricamente de corte conservador (Gayol y Vicente 2017), y otras organizaciones de personas con discapacidad de corte más progresista que, por cierto, reivindican un trozo del pastel mayor en el reparto de las ayudas anuales para este sector.

Sea como fuere, la comunicación digital ofrece a estas agrupaciones de corte oficial la capacidad de dirigirse directamente a su público objetivo, sin necesidad de depender de intermediarios. No es raro presenciar el nacimiento de una organización de personas con discapacidad con reivindicaciones concretas a través de redes sociales, y observar cómo, con el tiempo, estas asociaciones van obteniendo fuerza y empaque y acaban adquiriendo un carácter de oficialidad. Al igual que sucedió con otros movimientos sociales y políticos, como el 15M o la Primavera Árabe, la comunicación digital facilita la repercusión de un mensaje hasta cotas que, probablemente, no se podrían alcanzar de forma presencial. Cuando la cantidad de personas que se sienten representadas por una forma de pensar supera ciertos límites, las redes de apoyo se convierten en algo más. Se institucionalizan. La comunicación digital se torna imprescindible en este proceso.

2. PROCESOS COMUNICATIVOS QUE SE DESARROLLAN EN LAS PERSONAS CON DISCAPACIDAD A TRAVÉS DE LA COMUNICACIÓN DIGITAL

Tan importante es localizar e identificar los actores de un sistema comunicativo tan complejo como es el de personas con discapacidad, como saber señalar de forma precisa los procesos que permiten que este sistema se interrelaciona de forma eficiente y facilite al individuo tener un altavoz mediático y, a su vez, también se creen y fortalezcan estos núcleos que hemos podido enumerar anteriormente.

A la hora de identificar estas relaciones comunicativas, se pueden ver diferentes tipos de actores y diversas características:

a) Los usuarios con afán interactivo. Todas las redes sociales basadas en texto te dan la posibilidad de recibir comentarios sobre el contenido que las personas hallan durante su navegación. Ante esta respuesta, la persona puede decidir si entablar una conversación con su receptor o no. En caso de hacerlo, se puede observar que la persona con discapacidad adopta una postura interactiva con su interlocutor para poder trasladar sus puntos de vista, sus explicaciones, su posible defensa ante un comentario maleducado o hiriente, etc. Es importante establecer esta categoría porque, al contrario que sucedía al principio de las redes sociales, donde no existía monetización del contenido, la práctica totalidad de los comentarios o reflexiones que se vertían en una red social estaban destinados a conectar con otra persona. Desde que surge la posibilidad de viralizar contenido polémico y obtener beneficios económicos de ello, muchas personas han optado por adoptar una actitud pasiva y utilizar sus perfiles de redes sociales como escaparate de contenidos (generalmente de corte polémico o ultraderechista), en vez de para enriquecerse comunicativamente.

b) También se puede observar la postura pasiva en el discurso y en el comportamiento. Como acabamos de comentar, ante la opción de entablar una conversación con una persona que replictu contenido creado en redes sociales, existe la posibilidad de no hacerlo. Generalmente, cuando es una persona sin discapacidad la que adopta esta postura, suele tratarse de usuarios que pretenden utilizar sus altavoces mediáticos para ganar popularidad, promocionar su visión del mundo o sus artículos y que les importa más bien poco interactuar con su público objetivo o con personas con una postura diferente a la suya.

c) En el caso de la comunidad de personas con discapacidad, sin embargo, existe también una puntualización importante que hay que tener en cuenta: como colectivo históricamente olvidado y reprimido, es frecuente observar cómo una persona con diversidad funcional, al comentar una situación concreta, una escasez de derechos o un momento de discriminación por redes sociales, recibe comentarios hirientes o, incluso, insultantes, por parte de otros colectivos a los que no pertenece.

La reivindicación de derechos por parte de los segmentos de la población minoritarios siempre ha venido acompañada de un efecto reacción de colectivos conservadores, derechistas, ultraderechistas o, en algunos casos concretos, incluso izquierdistas y ultraizquierdistas (la concepción comunista de mediados y finales del siglo XIX y principios del XX padecía de un claro sesgo homófobo, por ejemplo). Se produce una fatiga en el emisor del mensaje, ante el recibimiento constante de represalias verbales o al sufrir en persona la estrategia comunicativa conocida como *sealeoning* (acuñada por primera vez por David Malki en su cómic *Wondermark*), que se refiere a quienes se meten en una conversación haciendo preguntas sin tener ningún interés en las respuestas, sino únicamente para hacer perder tiempo a su interlocutor. Este desgaste lleva a la víctima a adoptar una postura pasiva como método de protección, y a no interactuar con usuarios concretos.

d) En contrapunto a este último ejemplo, están las personas que adoptan la forma constructivo-pedagógica como metodología principal. Evidentemente, la persona con discapacidad, al exponerse en redes sociales no interactúa únicamente con otras personas del colectivo. Cualquier persona, con movilidad reducida o no, es libre de conversar con cualquiera que decida establecer un intento de interacción comunicativa. Al establecerse una comunicación escrita, y decidir que quieres afrontarla de una forma interactiva, el emisor tiene la opción de hacerlo, en efecto, de forma constructiva y pedagógica y trasladar sus explicaciones de manera asertiva para hacer entender al receptor de forma clara sus problemas y necesidades. El agradecimiento es un acto comunicativo pertinente en este asunto (Bañón 2022). A partir de aquí, depende de dicho receptor decidir qué clase de respuesta quiere adoptar: comprensiva y empática, para poder establecer un debate social constructivo y enriquecedor, o vehemente y conservadora, la cual suele derivar en una negación de la problemática de la persona con discapacidad y en casos claros de capacitismo (discriminación hacia la persona con discapacidad).

e) Siguiendo el camino de este segundo ejemplo, la propia población con discapacidad también puede llegar a adoptar una postura destructiva en su discurso. Si bien es cierto que no suele ser típico ver a una persona con discapacidad establecer de primeras una discusión con carácter dañino y sin afán de llegar a un punto común. Pero que no sea común no significa que no existan casos. Generalmente, se tratan de respuestas hacia otro comentario ofensivo vertido por un receptor del mensaje que no hace por entender la problemática de la discapacidad, sino más bien todo lo contrario, a lo que el emisor, persona perteneciente al colectivo de personas con diversidad funcional, también responde de forma vehemente y con clara crispación sintiendo que su integridad, tanto física como moral, puede haberse visto afectada.

f) Por supuesto, se pueden intercambiar los roles; también puede ser la propia persona con discapacidad la que adopta la postura destructiva hacia un mensaje vertido por una persona sin discapacidad o un estamento en concreto. Suelen ser estos emisores de un carácter conservador o, incluso, radical, que a través de sus mensajes trasladan ideas que pueden incorporar conceptos discriminatorios para la persona con discapacidad (adrede o por ignorancia), a lo cual la propia persona con diversidad funcional reacciona por sentirse claramente agraviada, renunciando a la pedagogía.

g) También existe la postura endogámica. Se puede observar, en el entorno de la comunicación digital, personas con discapacidad que deciden interactuar tan solo con otras personas pertenecientes a su propio colectivo. Las redes sociales ofrecen la posibilidad, en muchos casos peligrosa, de seleccionar tu círculo comunicativo y no exponerse a los comentarios y actitudes del resto de la población. Se obtiene, de esta forma, una comunicación más fluida y un mejor entendimiento de tu mensaje, sin la necesidad de pasar por el peaje del esfuerzo pedagógico, pero también se renuncia a la riqueza que se puede conseguir a través del debate público con actores comunicativos de diversa índole.

Las personas con una concepción social más desarrollada pueden adoptar una posición divulgativa. Si algo facilitan las redes sociales es el hecho de poder generar contenido sobre temáticas de toda índole. La divulgación es una forma muy compleja de la trasladación de experiencias;

se trata de explicar no solo lo que te pasa a ti como actor comunicativo, sino también las diferentes problemáticas que puedan afectar a una parte importante del colectivo, aunque puedan no afectar a ti (recordemos la heterogeneidad del colectivo de personas con discapacidad).

A través de los famosos "hilos" de Twitter, de plataformas de redacción de textos como *Medium*, de podcasts o incluso de noticias y entrevistas englobadas en las versiones digitales de los medios de comunicación digitales, las personas con discapacidad ven potenciado el público al que pueden llegar con sus reflexiones, y ampliados los temas sobre los que hablar, dándose cuenta de que aquello que piensan y sienten, y que en círculos reducidos puede ser visto como una anécdota, realmente encierra algo más.

3. COMUNICACIÓN DIGITAL: BRECHAS Y PUENTES

No estaríamos siendo justos si dijéramos que el factor digital que casi todos los procesos sociales poseen en la actualidad es un elemento puramente igualador y sin debilidades. Con una población cada vez más envejecida, y con una demografía que ve cómo se acrecienta progresivamente la presencia de personas con discapacidades en la vida pública, el componente digital que conlleva el inevitable y vertiginoso progreso tecnológico en el que se ve inmersa la humanidad en los últimos años, también puede acarrear, a veces, nuevas barreras en la vida diaria de la población.

La brecha digital se basa en sustituir lo analógico por lo informatizado; en cambiar el contacto humano por la conversación, hablada o escrita, completamente automatizada con una inteligencia artificial o con un sistema operativo de un aparato electrónico; en mutar la guía y la docencia de expertos en diversas materias por trámites burocráticos inacabables, solamente abarcables en su totalidad a través de la red, y en el aprendizaje autodidacta desde tu propio domicilio. Lo analógico establecía su potencial en un componente humanista apoyado y reforzado por la tecnología justa y eso se está perdiendo.

Como bien comenta Cristina Colom, directora de la *Digital Future Society,*

Se asumía que una vez conectada, la ciudadanía disfrutaría automáticamente de los beneficios que internet y otras TIC ofrecen. Con el tiempo, se hizo evidente que resolver el problema de la exclusión digital requiere considerar múltiples factores estructurales y contextuales (2020: 351).

Y añadía más tarde:

Las brechas digitales están presentes incluso en las sociedades más digitalizadas, como es el caso de España, donde importantes segmentos de la población se están quedando atrás. En nuestro país, hace relativamente poco, la mayoría de los esfuerzos por cerrar la brecha digital se centran en facilitar el acceso, condición *sine qua non*, sin embargo, las evidencias sugieren que urge dirigir los esfuerzos a aumentar la calidad del uso de la tecnología (2020: 351).

Según el INE, en 2019, en personas con una edad comprendida entre 65 y 74 años, el porcentaje que usó internet en los últimos tres meses era de un 63%, por un 90% de los jóvenes entre 16 y 24 años que lo hizo igualmente. La cifra se reduce aún más, un 23%, cuando la edad sube a mayores de 75. En el caso de las personas con una edad avanzada, esta escasa familiarización con el uso diario de internet se debería a la falta de competencias digitales. De acuerdo con los datos DESI (*Digital Economy and Society Index*), en relación a 2020, casi la mitad de la población española carecía de habilidades digitales básicas, y un 8% de dicha población no disponía de acceso a la red.

Sin embargo, cuando nos trasladamos al sector de la población con discapacidad, podemos observar que la brecha digital no se basa tanto en la escasez de competencias digitales; las personas con discapacidades suelen adaptarse mejor al entorno *online*, ya que son conscientes de su importancia a la hora de potenciar la calidad de vida. El problema radica más bien en la accesibilidad del *hardware* que utilizan, o en la de los sitios electrónicos que visitan y el *software* que estos usan. Volvemos a citar a Colom en este punto:

En su mayoría, los dispositivos no están diseñados para el uso de personas con discapacidad; por ese motivo, la mayoría de personas con discapacidad encuestadas (67,5%), señala que les parece muy avanzado y complejo su uso. Un 15,3% lo han intentado, pero les ha parecido inaccesible para su tipo de discapacidad, y a un 9,3% le da miedo utilizarlo porque cree que pueden engañarle (2020: 352).

Con estos datos, se entiende mejor que el 71% de personas con discapacidad no utilicen internet, porcentaje que aumenta hasta el 87,9% si subimos la edad a mayores de 65 años.

Con todo, aunque se observa que la comunicación digital provoca brechas muy evidentes entre todos aquellos que ya no tienen la capacidad suficiente, por edad o por impedimentos físicos y psicológicos, de adaptarse al nuevo hacer de los tiempos, paradójicamente, y como si un arma de doble filo se tratase, también es capaz de tender unos puentes de gran valía para este segmento de la población a la hora de fomentar su participación en la vida pública.

Uno de los casos que más se han popularizado en redes sociales respecto a este ejemplo sería la cuenta de Twitter de *Food4Dogs*. A pesar del significado que pueda transmitir el nombre de dicha cuenta, lo cierto es que su contenido no versa sobre "comida para perros". No se trata de una experta en animales (que se sepa), ni una veterana veterinaria, sino de una señora de más de 70 años que, tras lidiar con la depresión después de perder a un ser querido, descubre el mundo de los videojuegos a través de una *Play Station* 3 olvidada en un rincón, la cual recupera y empieza a utilizar. A través de su testimonio, podemos observar cómo una persona perteneciente a un segmento de la población que, normalmente, suele tener muchas dificultades a la hora de obtener presencia en redes la consigue a través de una divulgación exquisita y amable sobre los productos audiovisuales que consume; en este caso, videojuegos. Además, también divulga y reflexiona sobre temas de vital importancia y que, aún a día de hoy, suelen ser tabúes muy extendidos en las personas de edades más avanzadas, como la depresión o la salud mental, factores ambos, como sabemos, de limitación también de la movilidad. El visionado de la entrevista-documental *How I got into Gaming; An Old Lady Discovers a Wonderworld* (https://www.youtube.com/watch?v=16cxOv2KGLE) es una oportunidad de aprendizaje que no debemos perdernos.

Otros importantes influenciadores y divulgadores con discapacidad se han visto notablemente beneficiados por el uso de la comunicación digital. Un caso evidente es, por ejemplo, el de Steven Spohn, director de la asociación estadounidense *AbleGamers*, cuya actividad se basa en crear comunidades de apoyo de jugadores de videojuegos con discapacidad para combatir el aislamiento, y también en financiar los costes del *hardware* que ciertas personas puedan necesitar para disfrutar de estos productos audiovisuales, además de asesorar a diversas desarrolladoras de videojuegos sobre opciones de accesibilidad y desarrollo inclusivo.

Gráfico 1. *Los cinco pilares fundamentales de la actividad de* **AbleGamers**
Fuente: https://www.ablegamers.org/

Se puede observar, por tanto, una gran influencia de la comunicación digital a la hora de fomentar la vida pública y la actividad socioeconómica de las personas con discapacidad, que, en contextos propicios, pueden llegar a obtener un alcance similar al de otros actores sociales.

4. REPRESENTACIÓN DE LA DISCAPACIDAD EN LO DIGITAL

Habiendo observado algunos de los beneficios que la comunicación digital proporciona en todos los aspectos de la vida de las personas con discapacidad, quizá se debería pensar que la representación de este sector de la población está marcada por un fuerte componente potencialmente empoderador que equipara los derechos de estas personas con respecto a los de otras.

Sin embargo, aunque es cierto que la comunicación audiovisual digital ha abierto una sólida puerta de entrada a la adquisición de derechos y a la igualación socioeconómica de las personas con discapacidad, podríamos decir que no es oro todo lo que reluce.

Si centramos nuestro análisis exclusivamente en las redes sociales, podemos observar que hay un claro auge del discurso de odio contra las personas con discapacidad. Si bien el fenómeno no es nuevo y ocurría ya con la estrategia propagandística del nacismo, por ejemplo, con el auge de las nuevas tecnologías y las redes sociales se ha producido un aumento del discurso de odio que, en algunos casos, traspasa la pantalla y llega al entorno *offline* (García-Prieto, Bonilla-del-Río y Figuereo-Benítez 2024). Como consecuencia, se producen demasiados casos de acoso, hostigamiento y menosprecio en la red. Las raíces de estos comportamientos son, por lo normal, el anonimato, la desinformación, la descontextualización y, muy especialmente, el sensacionalismo visual.

También se puede observar, sin necesidad de incluirse discursos de odio, la apropiación de colectivos específicos de personas con discapacidad por parte de corrientes ideológicas muy concretas con el único objetivo de utilizar sus reivindicaciones como armas arrojadizas mediáticas. Recientemente, en España es palpable el giro hacia la derecha que ha tenido lugar entre algunos grupos de personas con Esclerosis Lateral Amiotrófica (ELA), que ven en el apoyo de los partidos conservadores y ultraconservadores del país una especie de clavo ardiendo al que agarrarse, en ocasiones, para sacar adelante sus propuestas, históricamente desoídas (Gutiérrez 2024).

Ignorando por completo el análisis más profundo de las necesidades de las personas con discapacidades concretas y reduciéndolo todo al enfoque legislativo, se inserta una visión cortoplacista a problemas que perduran en el tiempo. Se dota de un componente reaccionario a un mensaje que, una vez pierde su efecto, se abandona por completo. Una vez dicho recorrido llega a una conclusión (en el caso de la ELA, con la aprobación de su ley en el Congreso), las personas pasan a un segundo plano y sus necesidades se ven de nuevo ignoradas. Como si de juguetes rotos se tratase. Y, lo que es peor, se crea un cisma entre colectivos que deberían estar unidos para sacar sus demandas adelante, al sentir agravios comparativos.

Esta vulnerabilidad que se ve presente en grupos oprimidos y en riesgo sistemático de aislamiento social puede generar un caldo de cultivo perfecto para la radicalización a largo plazo de las personas que los componen; estrategias de condicionamiento discursivo y de comportamiento que se han utilizado para "captar adeptos" a una determinada "causa", y conseguir así que movimientos de corte claramente elitista trasciendan al sector popular. Se busca que estos movimientos sobrevivan, puesto que, si no se extrapolase este enfoque a la mayor parte de la población, por simple cuestión numérica, sería imposible alcanzar estatus de poder. Como afirma Noguera-Vivo (2022: 111),

> El ecosistema digital se vuelve más complejo con cada nueva plataforma que irrumpe. En cuestión de polarización y debate político, no podemos olvidar el papel de Instagram, de otras más recientes como TikTok e incluso (o especialmente) de las redes de mensajería privada como WhatsApp, con un rol creciente en la diseminación de noticias.

A partir de esta interesante reflexión podemos reforzar lo anteriormente expuesto: existen diversas formas de polarizar y de establecer cámaras digitales de eco comunicativo que contribuyan a la radicalización de población vulnerable, sin necesidad de establecer, de forma específica, discursos de odio contra ellos. De hecho, se pueden dar extremos en los que estos discursos de odio se establezcan entre los propios individuos que conforman el colectivo de personas con discapacidad, o entre sus seres queridos, debido a esta radicalización fomentada por actores externos. Desarticular el movimiento asociativo aprovechándose de la heterogeneidad de sus componentes que, además, es especialmente presente en el sector de la población que tiene discapacidades, es una estrategia de represión y condicionamiento del comportamiento históricamente utilizada para debilitar el movimiento popular.

Las campañas de retos virales también pueden ser un arma de doble filo a la hora de establecer una representación acorde con los estándares éticos y con la legítima reclamación de derechos de las personas con discapacidad. Si bien a lo largo del tiempo han existido tendencias amables y positivas en relación a las personas con discapacidad, como lo fue en su momento la campaña del *Ice Bucket Challenge* (Pressgrove, McKeever y Jang 2018) que consiguió viralizarse hasta límites inimaginables en su momento y cuyo contenido versaba sobre la reivindicación de derechos de las personas con ELA, también han existido tendencias comunicativas nocivas para el colectivo de personas con discapacidad que se han popularizado por culpa de discursos de odio y marginadores camuflados en forma de reto. El más evidente podría ser el de *Una beca por pena*, denunciado en su momento por el Comité Español de Representantes de Personas con Discapacidad y otras asociaciones, al observarse un claro sesgo discriminatorio (Renedo-Farpón y Neira-Carrión 2024). Este reto, desarrollado entre 2021 y 2023, consistía en la publicación de una serie de vídeos en TikTok en los que algunos usuarios se hacían pasar por personas en situación de vulnerabilidad para obtener una beca o una ayuda. Esta lamentable iniciativa tuvo un gran impacto: 1222 vídeos, 56.115.992 reproducciones, 4.256.933 de "me gusta" y 77.847 comentarios. Fueron compartidos 191.147 veces y hubo una media de *engagement* de 5,89%. Estos datos aparecen reflejados en el estudio realizado por Cristina Renedo y Natalia Neira (2024), quienes también recordaban que este tipo de discursos viralizados y emitidos de forma lúdica son especialmente peligrosos porque consiguen más repercusión que las contracampañas dirigidas a desmentirlos, dado que no existe un discurso crítico hacia él por parte de la población a través de los comentarios en las publicaciones vertidas en las redes sociales. Estaríamos, de alguna manera, situados en la famosa teoría de la espiral del silencio diseñada por Noelle-Neumann.

Si trasladamos nuestro análisis a los medios de comunicación digitales, podemos apreciar que aún queda mucho camino por recorrer. Se constata un entorno de intrusismo laboral evidente, y de un menosprecio de las capacidades. Son pocos los artículos y las noticias que versan sobre discapacidad cuya redacción queda a manos de periodistas y redactores con discapacidad. Las prácticas de inclusión que se suelen llevar a cabo, por ejemplo, delegando a periodistas mujeres la cobertura de noticias o de artículos sobre feminismo, o a periodistas pertenecientes al colectivo LGTBI+ la de escritos sobre derechos y reivindicaciones de este sector de la población, no suelen constatarse en el caso de las personas con discapacidad.

Observamos continuamente ejemplos de noticias que tienen en su actor o actriz principal a una persona con diversidad funcional pero que, sin embargo, no cuentan en su cobertura con la visión ni de redactores ni de colaboradores con discapacidad. Falta la experiencia en primera persona, digámoslo así. Se conforma, de este modo, un entorno de exclusión laboral que impide, en muchos casos, al trabajador con discapacidad superar la barrera del "freelancismo"; le impide entrar en nómina en un medio de comunicación y sus aportaciones se suelen ver limitadas a colaboraciones esporádicas.

Se ha observado, también, que, cuando una persona con discapacidad obtiene presencia en los medios de comunicación (tanto digitales como tradicionales; es un problema que ambas ramas de la comunicación periodística presentan), pocas veces lo hace divulgando su día a día. Es decir, apenas se habla de lo difícil que resulta para ella el simple hecho de ser escuchada, entendida y no ser víctima de réplicas de corte paternalista. Más bien las historias que suelen ser objeto de interés son aquellas que rozan los extremos; o bien la protagonizada por una persona que padece una discapacidad totalmente incapacitante, o un niño con una patología muy grave; historias que se suelen vender desde el victimismo y el sensacionalismo (Santos y Pérez 2019). También tienen mucho tirón mediático los deportistas con discapacidad que vencen sus límites constantemente y que conciben la vida como un reto constante. Excepciones positivas, pero que, por una parte, alzan los estándares de superación hasta unas alturas que no todas las personas con discapacidad pueden asumir (Rius y Solves 2010) y, por otra, no ocultan la escasa consideración del deporte paralímpico en comparación con el olímpico (por ejemplo, Solves 2018).

Sin embargo, también existen entornos digitales que presentan espacios especialmente amigables para las personas con discapacidades. Es, quizá, el de los videojuegos en el que podemos apreciarlo más claramente. La igualación de capacidades que proporcionan estos productos en los que, con las opciones de accesibilidad y las adaptaciones en el *hardware* necesarias, todas las personas, independientemente de sus capacidades, pueden hacer lo mismo, conforman un elemento empoderador incomparable al que ofrecen otros medios. Socializar se vuelve agradable y una actividad poco hostil, las barreras arquitectónicas y sensoriales tienden a la desaparición, se obtiene visibilidad social hasta el punto de que muchos jugadores con discapacidad se llegan a convertir en creadores de contenido digital y pueden ganarse la vida con ello. En definitiva, puedes llegar a desarrollar una vida "normal".

Además, la representación pictórica de la discapacidad en el mundo del videojuego va en aumento conforme pasan los años y conforme las desarrolladoras de videojuegos se dan cada vez más cuenta de la gran cantidad de población con discapacidad que participa en la industria del videojuego, tanto como consumidores esporádicos o asiduos, como trabajadores. En los últimos años, se ha pasado de una representación muy sesgada en la que se podían apreciar problemas similares a los que presenta la comunicación digital en otros ámbitos (extremismos; o personajes con discapacidades altamente incapacitantes o superhéroes) a otro tipo de representación mucho más amplia, generalizada y con mejores diseños artísticos.

Siempre se debe tener cierta tolerancia con los clichés que reclama la ficción, los cuales nos llevan a enfrentarnos a ciertas situaciones que nos pueden llegar a extrañar porque, evidentemente, en la realidad nunca pasarían, pero, si ampliamos nuestra mirada, nos daremos cuenta de que estas situaciones con tintes de *deus ex machina* cada vez están más enfocadas a empoderar al sector de jugadores con discapacidad.

De todos modos, que los videojuegos conformen el entorno más "amigable" para que las personas con discapacidad se desarrollen sin impedimentos no quiere decir que no existan movimientos de odio destinados a intentar opacar sus derechos. Es un discurso bastante recurrente por parte de ciertos sectores reaccionarios de la "comunidad de videojugadores" ese que defiende que "las opciones de accesibilidad no sirven para nada". Se trata de una corriente que intenta desprestigiar las adaptaciones de accesibilidad que las desarrolladoras implementan dentro de sus propios títulos para que cualquier persona con discapacidad pueda disfrutar de ellos. Su argumentación se basa en una reducción al absurdo, que consiste en centrar la crítica en la limitación de dificultad que puedan suponer estas adaptaciones, ignorando por completo que, si el usuario no tiene discapacidad y utiliza las adaptaciones, está tergiversando la intención con la que se diseñaron y la función atribuible a las mismas. Quienes esto afirman incluso llegan a quejarse porque estas reducciones de dificultad estén implementadas en videojuegos para un único jugador, en los que no existe competencia ninguna. En foros y redes sociales, este falso debate está peligrosamente vivo y presente (https://steamcommunity.com/app/1364780/discussions/0/3809531058952998562/).

En el entorno del género de la fantasía medieval y de la ciencia ficción también existen corrientes que se afanan en intentar desprestigiar al colectivo de personas con discapacidad (Milne 2022). Estos discursos se centraron en anular la identidad como persona con discapacidad; es decir, se reduce la discapacidad a una problemática fáctica, la cual no debería existir en un entorno de ficción en el que existen todo tipo de recursos narrativos disponibles, tanto mágicos como tecnológicos, para curar todo tipo de enfermedades. Se intenta ignorar de este modo la visión que dictamina que en un entorno en el que existen la magia y la tecnología más avanzada, todas (o al menos gran parte de) las dificultades derivadas de tener una discapacidad quedarían suprimidas, y se podría concebir el concepto de "discapacidad" como una identidad que te conforma como persona. Estas corrientes sesgadas intentan dotar a la discapacidad de un componente radical, el cual dictamina que lo "no común" es inherentemente "malo".

5. MUESTRA DE CREADORES DIGITALES CON DISCAPACIDAD

El espacio *online* ha generado una coyuntura en la que las personas con discapacidad pueden exponer su talento comunicativo y sortear la mayor parte de barreras físicas y arquitectónicas que presenta la vida diaria. Debido a esto, es mucho más fácil encontrar, en este entorno, actores sociales con diversidades funcionales, demostrando su actividad laboral y, de esta forma, obteniendo una visibilidad que les conduzca a una situación socioeconómica más favorable.

La creación digital se puede manifestar de muchas formas; no es sólo la vertiente comunicativa la que existe en esta rama del mercado laboral; también tienen gran presencia las variantes artísticas, docentes e informáticas. A modo de ejemplo, describimos en la siguiente tabla el perfil y la actividad de diez creadores digitales con discapacidad que, en nuestra opinión, reflejan bien la importancia comunicativa de las redes sociales.

Tabla 1. *Muestra de creadores digitales con discapacidad*

Nombre, dirección, país y formación	Red	Discapaci-dad/Patología	Función	Temática	Impacto
Pryscilla Monroy tiktok.com/@pryscilla_lsm México	TikTok	Hipoacusia	Divulgati-vo-reivin-dicativa	Lengua de Signos El día a día	889k
Ugo Sin Hache https://x.com/Ugo_Sin_Hache España	X (Twitter)	Discapacidad	Divulgati-vo-reivin-dicativa	Noticias y TT	8k
Turian Rogue https://x.com/TurianRogue España	X (Twitter)	Discapacidad	Divulgati-vo-reivin-dicativa	Presencia pública	1,6k
Marisa Martínez www.tiktok.com/@lamichiautista www.lamichiautista.com España	TikTok	Autismo	Divulga-tiva	Espectro autista	57.9K

Tejano Space Cowboy https://www.tiktok.com/@tejano_space_cowboy México	TikTok	Discapacidad	Divulgativa	Amputación Prótesis El día a día	137k
Stephen Spohn https://x.com/stevenspohn Estados Unidos	X (Twitter)	Atrofia Muscular Espinal	Divulgativa y de asesoría	El día a día Videojuegos Asociación	82k
Vivek Gohil https://x.com/uncannyvivek Gran Bretaña	X (Twitter)	Síndrome de Duchenne	Divulgativa y de asesoría	Videojuegos Accesibilidad	2k
Ryan O'Connell https://www.instagram.com/ryanoconn/?hl=es https://www.imdb.com/name/nm5067086/ Gran Bretaña	Instagram	Parálisis cerebral	Divulgativo-reivindicativa	Día a día LGTB+	141k
Noah Higón https://x.com/nh487 España Jurista, politóloga y escritora	X (Twitter)	Síndromes de Ehlers Danlos, Wilkie, May-Thurner y Raynaud	Divulgativo-reivindicativa	Pluripatología	39.9k

Elaboración propia

Como podemos observar en la tabla, las redes sociales más utilizadas a la hora de establecer procesos divulgativos y de creación de contenido sobre discapacidad son, actualmente, TikTok y Twitter. Esto puede deberse a la facilidad que ofrecen estas plataformas para que el creador comunique de forma directa, breve y bien organizada. Además, al ser medios digitales con un alcance mundial, siempre puedes encontrar personas que estén interesadas en informarse sobre discapacidad a través de personas que la tienen. Hasta ahora, a través de la red social actualmente conocida como X, puedes, si lo deseas, crear contenido de forma únicamente escrita, lo cual ayuda a vencer la barrera psicológica de la exposición de tu cuerpo, circunstancia que a las personas que tienen cuerpos no normativos derivados de su discapacidad les puede llegar a generar muchos complejos.

Aunque también se pueda optar por una opción de exposición parcial (ponerte fotos de perfil con tu cuerpo completo o mostrarte de vez en cuando en fotografías), lo cierto es que disponer de la opción de hacerlo cuando tú consideres oportuno, y no de forma obligatoria, puede suponer un alivio para mucha gente.

Un buen ejemplo de esto puede ser Ugo Sin Hache, chico con discapacidad que gestiona la cuenta de Twitter #PorQuéTT, que se encarga de explicar noticias y los *trending topics* de esta red social de forma amable y bien documentada. Además, en las cuentas en Twitter y otras redes sociales que dirige él mismo, bajo su propia marca, "Ugo Sin Hache", hace una gran labor divulgativa sobre discapacidad y en pos de visibilizar a las personas con diversidad funcional.

También disponemos del ejemplo de Turian Rogue. Es un creador más radical en su divulgación y con opiniones políticas progresistas; se afana en reclamar, a través de las redes sociales, sin pelos en la lengua, espacios para las personas con discapacidad en todos los aspectos de la vida pública. También divulga de forma diaria sobre las dificultades que este colectivo encuentra a diario. Cocreador del *podcast* de nueva creación *El Discast*, sobre divulgación acerca de la discapacidad, junto con el anteriormente citado Ugo.

Los creadores de contenido que padecen de discapacidades visibles derivadas de sus enfermedades o patologías también encuentran un espacio más seguro en Twitter (X) para expresar sus sentimientos o su actividad laboral. Más aún cuando dichas actividades están relacionadas con un entorno tecnológico o informático (con especial énfasis en el entorno de los videojuegos). Steven Spohn, citado en nuestra tabla informativa, es un influenciador muy conocido en redes sociales. Fundador de la asociación *Ablegamer*, padece de Atrofia Muscular Espinal (AME). Su divulgación *online* se basa en dos pilares fundamentales: hablar sin tapujos sobre lo que supone convivir con una patología tan grave e incapacitante, sin caer específicamente en tropos manidos sobre superación constante o sensación de pena, comentando las dificultades diarias que una persona con AME está obligada a afrontar, y también sobre el gran componente igualador que suponen los videojuegos para las personas con discapacidad y al que ya hacíamos mención con anterioridad.

La actividad de su asociación radica, principalmente, en recaudar fondos para ayudar a los jugadores de Estados Unidos a acceder a todas las adaptaciones de *hardware* necesarias para que puedan disfrutar del uso de los videojuegos con las menores dificultades posibles. Parte importante de dicha actividad también radica en crear redes de apoyo y sociales entre los *gamers* con discapacidad para fortalecer una lucha conjunta. A nivel individual, Steven también ha trabajado como asesor para diversas desarrolladoras de videojuegos, llevándolas a establecer nuevos estándares en la creación de opciones de accesibilidad.

Un ejemplo similar al de Steven sería el de Vivek Gohil, periodista británico que convive con el síndrome de Duchenne. Comparte muchas similitudes con Spohn. Divulga en redes sociales sobre discapacidad, convive con una patología neurodegenerativa altamente discapacitante y asesora a diversas desarrolladoras, de forma principalmente *freelance,* para mejorar continuamente los estándares de las opciones de accesibilidad en los videojuegos, tanto a nivel de *software* como de *hardware.*

Por otro lado, se puede observar que las personas con discapacidades sensoriales o con alteraciones del espectro autista sí son un poco más propensas a exponerse en contenido audiovisual. TikTok presenta un método de creación que depende enteramente del vídeo para transmitir un mensaje. Es por eso que la persona creadora de contenido debe estar especialmente predispuesta a exponer su cuerpo en esta red social. Si bien hay creadores con discapacidades físicas que no tienen reparos en hacerlo, llevarlo a cabo suele ser más fácil para aquellas que padecen discapacidades "invisibles" (aquellas que alteran tus capacidades, pero, generalmente, no tu cuerpo).

Un buen ejemplo de una divulgación potente transmitida a través de TikTok puede ser el de Pryscilla Monroy. Es una joven con discapacidad auditiva que divulga sobre lengua de signos y basa su actividad en visibilizar a las personas con déficits auditivos y en representar su día a día.

Otro caso emblemático sería el de Marisa Martínez, o Michi Autista. Divulga sobre el autismo en redes sociales. De profesión ilustradora de todo tipo, ha trabajado para videojuegos, *concept art* en juguetes, libros infantiles y juveniles, entre otros. También ha sido embajadora de varias marcas donde ha dado ponencias y clases magistrales. Su condición de persona dentro del espectro autista la convierte en un referente dentro de la comunicación digital a la hora de hablar, con conocimiento de causa, sobre qué significa y supone ser autista.

Y, por otro lado, para dejar claro que no todas las personas que crean contenido a través de TikTok padecen discapacidades "invisibles", un buen ejemplo sería el de Tejano Space Cowboy, hombre mexicano con discapacidad física. Divulga sobre qué significa convivir con una amputación (en este caso, en su brazo derecho) y sobre cómo un buen brazo protésico te puede llevar a hacer una vida casi normal. No ahorra detalles a la hora de explicar qué movimientos pueden ser más complicados o arriesgados de hacer cuando se lleva una prótesis con un grado de amputación elevado, y responde con gusto a las preguntas de sus seguidores sobre curiosidades de su vida.

El perfil de Instagram de Ryan O'Connell, guionista, director, escritor y actor estadounidense, nos muestra a un ávido divulgador sobre discapacidad, puesto que él mismo padece una parálisis cerebral que le afecta al lado derecho de su cuerpo, pero sobre todo se centra en la concienciación sobre el colectivo LGTB. Su perfil de Instagram se basa en exponer su día a día y su actividad laboral e intentar, de esta forma, normalizar y reivindicar los derechos de las personas que pueden sufrir exclusión bidireccional al pertenecer a dos colectivos históricamente oprimidos al mismo tiempo: el de las personas con discapacidad y el de las personas LGTB. En realidad, la doble discriminación, sobre la base de la discapacidad, es un tema bien estudiado (por ejemplo, Moya 2009).

En el caso de O'Connell, también podemos observar la importancia del sector cultural y transmedia a la hora de fomentar la vida laboral de las personas con discapacidad. Sus trabajos comprenden desde el libro *I'm special, and other lies we tell ourselves*, autobiografía de su vida como persona homosexual y con discapacidad, hasta la miniserie *Special*, de Netflix, donde trabaja como actor principal y protagonista y la cual es la adaptación audiovisual de dicho libro.

No podemos, tampoco, dejar pasar la oportunidad de mencionar el potencial de las redes sociales para dotar de oportunidades a las personas con enfermedades raras (Sánchez y Mercado 2021). Estas patologías son aquellas que presentan una prevalencia inferior a 5 casos por cada 10.000 habitantes en la Comunidad Europea. Normalmente no tienen tratamientos, ni curativos ni paliativos, y suelen ser las más discapacitantes de todas (Palau 2010). En este contexto tan complicado, se antoja indispensable para las personas que las padecen disponer de entornos seguros en los que puedan divulgar, socializar, contar su día a día y crear lazos socioafectivos. Sentirse importantes, de alguna forma.

Noah Higón es un gran ejemplo de lo que tratamos de explicar. Higón es conocida por padecer siete enfermedades catalogadas como raras al mismo tiempo, entre las que tienen presencia el síndrome de Ehlers-Danlos, el de Wilkie, el de May-Thurner y el de Raynaud. Gracias a su actividad en los diferentes medios de comunicación digital existentes, se ha convertido en una divulgadora muy importante y reconocida. Además, también ha podido desarrollar una carrera profesional multifacética, trabajando como jurista, politóloga y escritora.

A través de este pequeño listado de personas con discapacidad influyentes en la comunicación digital y audiovisual podemos confirmar que estos canales comunicativos son especialmente importantes a la hora de establecer elementos empoderadores para la comunidad de personas con discapacidad. Se puede observar una mayor permeabilidad de las reivindicaciones de dichas personas, y también a la hora de obtener repercusión mediática, lo cual lleva a una normalización de la discapacidad dentro de una sociedad que se afana constantemente en etiquetar a lo "distinto" como "raro".

6. HERRAMIENTAS DIGITALES DIRIGIDAS A MEJORAR LA EXPERIENCIA O EL ACCESO COMUNICATIVO DIGITAL

El *World Wide Web Consortium* (W3C) es la institución que se encarga de desarrollar los estándares web internacionales (https://www.w3.org/WAI/standards-guidelines/es). Estos estándares, creados por W3C, se denominan "Recomendaciones". A su vez, la agrupación que se dedica a revisar que dichas recomendaciones se cumplen es el Grupo de Trabajo de Arquitecturas de Plataforma Accesible. En inglés, *APA*.

Las pautas de accesibilidad difieren y dependen de varios componentes de accesibilidad web que, aún catalogados por separado, tienen interactuaciones los unos con los otros de forma constante en la vida *online* diaria.

Tabla 2. *Pautas de accesibilidad y aplicaciones*

W3C (WORLD WIDE WEB CONSORTIUM)			
PAUTAS DE ACCESIBILIDAD		APLICACIONES	
Denominación	*Utilidad*	*Denominación*	*Utilidad*
WCAG2	Contenido web	WAI-ARIA	Semántica aplicada
ATAG	Creación de contenido	WebVTT	Metadatos
UAAG	Agente de usuario	ACT /EARL / WCAG-EM	Evaluación

WCAG3	Contenido web	WAI-Adapt	Legibilidad y organización
		WAI-Pronun-ciation	Pronunciación

Elaboración propia

Las pautas de accesibilidad en el entorno digital suelen estar centradas en el contenido web (WCAG) 2. El contenido web hace referencia, por lo general, a la información que se incluye en páginas o aplicaciones web, las cuales están conformadas por textos, imágenes, sonidos y códigos o marcados que definen la estructura, la presentación y demás. Las pautas WCAG se aplican al contenido dinámico (multimedia, móvil, etc.). También se pueden aplicar a tecnologías de la información y la comunicación no relacionadas con los sitios web, como se explica en https://www.w3.org/WAI/standards-guidelines/wcag/non-web-ict/. Para conocer más sobre las pautas WCAG en general, recomendamos acudir a https://www.w3.org/WAI/standards-guidelines/wcag/es.

Se podría decir que las pautas WCAG 2 y las pautas ATAG están intrínsecamente relacionadas. Esto es debido a que dichas pautas ATAG están establecidas para las herramientas de creación de contenido. Cuando hablamos de herramientas de creación de contenido nos referimos, en este caso, a programas o servicios que los usuarios y profesionales (desarrolladores web, diseñadores, redactores, etc.) usan para producir contenido web. Ejemplos válidos serían los editores de HTML, los CMS y los sitios web que permiten a las personas crear contenido propio, como las redes sociales.

Las pautas ATAG se encargan de hacer que las herramientas de creación de contenido sean accesibles en sí mismas, de forma que las personas con discapacidad puedan crear contenido web y también ayudar a los propios autores a crear contenido web más accesible. Para conocer más sobre las pautas ATAG se recomienda acudir a https://www.w3.org/WAI/standards-guidelines/atag/.

También existen las pautas de accesibilidad para el agente de usuario (UAAG). Se trata de estándares destinados a hacer más accesibles los navegadores, las extensiones de los navegadores, los reproductores multimedia, o los lectores y otras aplicaciones que presentan contenido web. Para conocer más sobre las pautas UAAG se aconseja acudir a https:// www.w3.org/WAI/standards-guidelines/uaag/.

Todas las pautas, aunque con objetivos propios, dependen unas de otras. ATAG define la accesibilidad de las herramientas de creación de contenido, el contenido creado y reproducido mediante herramientas web, tanto de desarrollo como de interfaces de *software* de uso diario. Todo debe estar acorde a las bases de accesibilidad de UAAG, y ello se engloba en los estándares del *World Wide Web Consortium*. Se crea, de esta forma, un ecosistema casi perfecto y en constante evolución.

Y hablando de constante evolución, al encontrarnos en un internet que, de forma continua, va ampliando su alcance y desarrollándose, también deben hacerlo los estándares que se encargan de hacerlo accesible. Es por eso que, desde hace poco, se han creado unas nuevas pautas de accesibilidad general, que se encuentran actualmente en estado de borrador inicial, y que se denominan WCAG 3, las cuales se acabarán convirtiendo en un estándar W3C en el futuro. Hoy en día, simplemente se limitan a analizar y afectar al contenido web, a las aplicaciones, a las herramientas, a las publicaciones y a las tecnologías emergentes en la web. Para conocer más qué se lleva redactado de las nuevas pautas WCAG 3 proponemos acudir a https://www.w3.org/WAI/standards-guidelines/wcag/wcag3-intro/.

Una vez se han enumerado los diferentes protocolos que existen en la actualidad para garantizar que el entorno digital es lo más accesible posible, también se deben tener en cuenta las especificaciones técnicas que se dedican a establecer herramientas tangibles para modificar los diferentes componentes de la comunicación digital y orientar convenientemente la accesibilidad para personas con discapacidad.

En el campo de la semántica, predominan las Aplicaciones de Internet Enriquecidas Accesibles (WAI-ARIA). ARIA se encarga de proporcionar semántica, necesaria para que los autores puedan transmitir comportamientos de la interfaz de usuario e información estructural a las tecnologías de apoyo. Un buen ejemplo de estas tecnologías serían los lectores de pantalla. La *suite* de ARIA incluye, entre otras cosas, módulos para gráficos y publicaciones digitales. Para conocer más sobre ARIA proponemos acudir a https://www.w3.org/WAI/standards-guidelines/aria/.

Nos encontramos otra vez con un ecosistema relacionado entre sí. Observamos cómo ARIA puede ayudar a perfeccionar la accesibilidad en publicaciones digitales; publicaciones que en muchos casos presentan contenido en audio y vídeo de forma "embebida". Este contenido multimedia también está bajo las reglas de sus propias especificaciones.

Las más importantes serían WebVTT, que es un formato para subtítulos, descripciones textuales de vídeo y otros metadatos que se sincronizan temporalmente con el contenido auditivo o visual, y también TTML, que sirve para transcodificar o intercambiar información textual sincronizada temporalmente entre formatos de subtítulos antiguos. Para obtener más información sobre el WebVTT se puede acudir a https://www.w3.org/TR/webvtt/, y para hacerlo sobre el TTML, a https://www.w3.org/TR/ttml/.

Es realmente interesante darnos cuenta de que una publicación web se puede diseccionar en diversos elementos distintos y observar cómo cada uno de ellos deben evaluarse bajo sus propias normas y restricciones. Somos conscientes, al hacerlo, de la heterogeneidad que existe en el contenido digital, aunque las interfaces y el diseño gráfico lo camuflen de forma eficiente e intuitiva para el ser humano. Es debido a esta necesidad de comprobar el entorno digital de forma rápida y eficiente que también se han desarrollado métodos y herramientas para evaluar la accesibilidad en su conjunto.

Las principales herramientas de evaluación serían el ACT, que establece y describe normas para comprobar la conformidad del contenido web con los estándares de accesibilidad, y el EARL, un formato para ser leído por aplicaciones que sirve para expresar los resultados de las pruebas. También existe el WCAG-EM, que es una pauta creada para determinar cuánto se ajusta un sitio web a las pautas de accesibilidad para el contenido web. Conoceremos más sobre el Resumen de Pruebas de Conformidad de Accesibilidad en https://www.w3.org/WAI/standards-guidelines/act/, y sobre el Resumen de Lenguaje e Informes en https://www.w3.org/WAI/standards-guidelines/earl/.

Además, también se pueden obtener más conocimientos sobre el WCAG-EM en https://www.w3.org/WAI/test-evaluate/conformance/wcag-em/.

También hay que tener en consideración que la accesibilidad del entorno digital no es un concepto uniforme y que cada persona puede necesitar unas características individualizadas. Dicha personalización consiste en ajustar la experiencia del usuario a fin de cubrir las necesidades y preferencias individuales. Mediante las interfaces, principalmente, los autores de contenido pueden usar estándares de personalización para proporcionar un diseño por defecto y permitir la personalización del usuario con un esfuerzo mínimo. Más información sobre la personalización en https://www.w3.org/WAI/adapt/.

Dentro de estas interfaces accesibles y hechas a medida de cada persona, cobra especial importancia la pronunciación. Es importante conseguir que los lectores de pantalla y otros sistemas de síntesis del habla pronuncien el contenido correctamente, sobre todo para las personas con algún tipo de déficit visual. Para ello, deben disponer de opciones de personalización avanzadas, tales como audiodescripciones en las imágenes y en el contenido presentado de forma gráfica, multitud de idiomas a elegir e incluso la posibilidad de ralentizar o acelerar el audio, según convenga. Todo ello diseñado con una pronunciación eficiente. Más información sobre la pronunciación en https://www.w3.org/WAI/pronunciation/.

REFERENCIAS

FURNHAM, A. y PENDRED, J., "Attitudes towards the mentally and physically disabled", *Psychology and Psychotherapy*, 56 (2), 1983, 179-187.

ALPER, M., *Giving voice. Mobile communication, disability, and inequality*, The MIT Press, Cambridge, 2017.

BAÑÓN, A.M., "«Gracias por vuestra acogida y por vuestro esfuerzo»". Los actos de agradecimiento dirigidos a las asociaciones de pacientes con enfermedades poco frecuentes", *RILCE*, 38 (3), 2022, 880-911.

CENTRO ESPECIAL DE EMPLEO APTA: «¿Cómo fomentar la vida social y la participación en la comunidad de jóvenes con discapacidad?» [en línea], (2023), <https://www.ceeapta.com/vida-social-y-participacion-jovenes-discapacidad/> [Consulta: 20/05/2024.]

COLOM, C., "Las brechas digitales que deben preocuparnos y ocuparnos", *Ekonomiaz: Revista vasca de economía*, 98, 2020, 350-353.

COMISIÓN EUROPEA: *Índice de la Economía y la Sociedad Digitales (DESI)* [en línea], (2020), <https://www.dsn.gob.es/es/actualidad/sala-prensa/> [Consulta: 30/05/2024.]

DÍAZ, E., "El asociacionismo en el ámbito de la discapacidad. Un análisis crítico", *Intersticios*, 2 (2), 2008, 183-195.

FUNDACIÓN ADECCO: *Jóvenes con discapacidad: motor de futuro* [en línea], (2023), https://fundacionadecco.org/informes-y-estudios/informe-jovenes-con-discapacidad-motor-de-futuro [Consulta: 04/06/2024.]

GARCÍA, R.: «Ey, ChatGPT, ¿qué emoción es esta?» [en línea], (2024), <https://www.laverdad.es/murcia/chatgpt-emocion-20240630074603-nt.html> [Consulta: 30/06/2024.]

GARCÍA-PRIETO, V., BONILLA-DEL-RÍO, M. Y FIGUEREO-BENÍTEZ, J. C., "Discapacidad, discursos de odio y redes sociales: video-respuestas a los haters en TikTok", *Revista Latina de Comunicación Social*, 82, 2024, 1-21.

GAYOL, R. y VICENTE, A., "Antonio Vicente Mosquete, el presidente del cambio El final prematuro de una transición inacabada en la ONCE", *Papeles de Relaciones Ecosociales y Cambio Global*, 138, 2017, 135-144.

GÓNGORA, G., "Aislamiento social en padres con hijos afectados de parálisis cerebral", *Revista Colombiana de Medicina Física y Rehabilitación*, 23 (1), 2013, 11-23.

GUTIÉRREZ, L.: «La Ley ELA presentada por el PP supera la toma en consideración sin votos en contra» [en línea], (2024), <https://www.democrata.es/actualidad/la-ley-ela-presentada-por-el-pp-supera-la-toma-en-consideracion-sin-votos-en-contra/> [Consulta: 30/07/2024.]

HALL, E., "Workspaces: Refiguring the Disability-Employment Debate", en *Mind and Body Spaces. Geographies of Illness, Impairment and Disability*, Routledge, London, 1999, pp. 138-154.

INSTITUTO NACIONAL DE ESTADÍSTICA, *Encuesta sobre Equipamiento y Uso de Tecnologías de Información y Comunicación en los Hogares 2019 (TIC-H'19)*, INE, Madrid, 2019.

LORENTE, B. y SEVILLA, L., "La tecnología y el asociacionismo de mujeres con discapacidad. Vigilando el androcentrismo y el capacitismo", en *Desigualdad, brecha digital y debate en las políticas públicas: vías de conocimiento en la sociedad digital*, Aranzadi, Madrid, 2023, pp. 25-140.

MARTÍNEZ, M. y ESTEVE, CH., "Accesibilidad digital y discapacidad: estudio desde una perspectiva centrada en las personas", *Revista Española de Discapacidad*, 10 (2), 2022, 111-133.

MILNE, K., (2022): «Why Fantasy Needs to Do Better for People With Disabilities» [en línea], (2022), https://medium.com/@kyliemilne101/ableism-magical-healing-and-victimizing-villainizing-in-fantasy-oh-my-fcc5a86ddeo8 [Consulta: 13/06/2024]

MONTESANO, L., "Modelo de impacto del consumo masivo de productos y servicios digitalizados, *Revista Latinoamericana de Ingeniería de Software*, 2 (1), 2014, 1-52.

MOYA, A., "La sexualidad en mujeres con discapacidad. perfil de su doble discriminación", *Feminismo/s*, 13, 2009, 133-152.

NOGUERA-VIVO, J.M., "El medio es el mensaje y el canal es el masaje: intentos de gestión de la polarización y los discursos del odio en Twitter", en *El debate público en la red: polarización, consenso y discursos del odio*, Comunicación Social Ediciones y Publicaciones, Salamanca, 2022, pp. 109-126.

PALAU, F., "Enfermedades raras, un paradigma emergente en la medicina del siglo XXI", *Medicina Clínica*, 134 (4), 2010, 161-168.

PRESSGROVE, G., MCKEEVER, B.W. y JANG, S.M., "What is Contagious? Exploring why content goes viral on Twitter: A case study of the ALS Ice Bucket Challenge", *Journal of Philanthropy and Marketing*, 23(1), 2018, e1586.

RENEDO-FARPÓN, C. y NEIRA-CARRIÓN, N., "Las redes sociales como espacios de representación: Un análisis del reto viral "Una beca por pena" y su impacto en el colectivo de personas con discapacidad", *Estudios sobre el Mensaje Periodístico*, 30 (1), 2024, 223-232.

RIUS, I. y SOLVES, J. A., "Discapacidad y comunicación: periodismo especializado para públicos diversos", *Comunicación y Hombre*, 6, 2020, 165-176.

ROMERO-ENRÍQUEZ, L. F., "Discapacidades invisibles en el primer nivel de atención", *Atención Familiar*, 24 (4), 2023, 285-288.

RUFFINELLI, R. y BRITOS, S., "El aislamiento social: connotaciones para las personas con discapacidad", *Yvoty: Reflexiones sobre la cuestión social*, 5, 2020, 36-42.

SÁNCHEZ, S. y MERCADO, M. T., "Sufro una grave enfermedad rara. Reto a cantar y hacer coreografías en TikTok", *Profesional de la Información*, 30 (4), 2021, e300414.

SANTOS, M. T. y PÉREZ, J. Á., "Las enfermedades raras y su representación en la prensa española", *Palabra Clave*, 22 (1), 2019, e22110.

SOLVES, J., "Sociology of sport, media and disability in Spain", *Brazilian Journal of Education, Technology and Society*, 11 (1), 2018, 69-77.

VÉLEZ, J. D., "El Teletrabajo, una forma de inclusión de las personas en situación de discapacidad al mundo laboral y la gestión de sus riesgos laborales", *Revista CES Derecho*, 4 (1), 2013, 29-45.

VICENTE, E., MUMBARDÓ-ADAM, C.; COMA, T., VERDUGO, M. Á. y GINÉ, C., "Autodeterminación en personas con discapacidad intelectual y del desarrollo: revisión del concepto, su importancia y retos emergentes", *Revista Española de Discapacidad*, 6 (II), 2018, 7-25.

Si eres médico o científico, los afectados con enfermedades raras te buscan en las redes sociales. ¡Tienen dudas!

Josep Solves Almela
Universidad Cardenal Herrera CEU, CEU Universities

Sebastián Sánchez Castillo
Director del Grupo de Investigación "Enfermedades Raras y Comunicación RED_ER (GIUV-614) Universitat de València"

1. EL PROYECTO REDER

Las reflexiones y datos abordados en este capítulo proceden de las conclusiones y hallazgos parciales del proyecto de investigación "Identificación de las necesidades sociosanitarias de pacientes con enfermedades raras (ER): procesamiento del flujo comunicativo en redes sociales", proyecto financiado por la Conselleria de Educación, Universidades y Empleo de la Generalitat Valenciana, España (CIAICO/2022/188). 2023-2024, de la Universitat de València. Los datos y procesos elaborados en este proyecto han sido compartidos en abierto en la web del grupo de investigación www.reder.es

Además, el presente volumen también está a disposición de la comunidad académica y científica de forma gratuita, y obedecerá a los criterios adaptados en la San Francisco Declaration on Research Assessment (DORA) y a los acuerdos y principios de la Coalition for Advancing Research Assessment (CoARA), sobre la puesta a disposición de las contribuciones científicas en acceso abierto y la práctica de ciencia abierta.

El proyecto REDER mantiene un carácter multidisciplinar. Los investigadores acreditan una trayectoria consolidada en distintas áreas de conocimiento; comunicación, medicina, lingüística, publicidad, epidemiología, psicología e informática. También participa en el proyecto la Fundación para el Fomento de la Investigación Sanitaria y Biomédica de la Comunitat Valenciana (FISABIO), cuya Área de Investigación en Enfermedades Raras es responsabilidad de la Dra. Clara Cavero.

Como objetivo general, del proyecto REDER, se plantea identificar las necesidades sociosanitarias de pacientes con ER aplicando las nuevas herramientas en Procesamiento del Lenguaje Natural al flujo comunicativo en redes sociales. Este objetivo general se concreta en tres procesos:

1. Analizar la información disponible en las redes sociales sobre ER. Estas publicaciones se obtendrán de los perfiles personales y asociativos de los afectados por ER y sus familias sobre 30 patologías consideradas.

2. Estudiar la fisonomía y estructura de las publicaciones. Búsqueda de posibles patrones informativos de carácter médico o asistencial.

3. Codificar los impactos analizados y obtener resultados objetivos. Transferencia de los resultados a los profesionales de atención primaria y especializada, con la intención de mejorar el conocimiento que sobre ER tienen. Actualizar criterios de diagnóstico y obtener una mejor comprensión de estas patologías de baja prevalencia.

De forma específica, y una vez alcanzados los tres procesos descritos anteriormente, se pretende:

1. Determinar en términos cuantitativos el flujo de información de las personas afectadas por las patologías consideradas, en las redes sociales Facebook, X (Twitter) e Instagram. Establecer correlaciones entre el número de personas afectadas según los registros sanitarios y el número de perfiles activos. Establecer un índice real de presencia de estas personas en las redes sociales (RRSS).

2. Geolocalizar los flujos de información, actores y criterios argumentativos, con el fin de establecer un mapa nacional de la actividad

de los afectados y sus familias. Posibilidad de correlacionar datos con las políticas sanitarias en las distintas CC. AA y búsqueda de diferencias asistenciales.

3. Analizar quiénes son los actores principales del flujo comunicativo activo: afectados, familiares, sanitarios, científicos, actores sociales, etc. Evaluar de forma específica al colectivo de mujeres como principales afectadas.

4. Desarrollar una red de interacciones en la red (visualización del grado de autoridad o eigenvector), para conocer la influencia que adquiere un perfil de una red, además de contabilizar el número de conexiones de un perfil (grado de centralidad), conocer las posiciones más favorables y su grado de cercanía. Por último, conocer los datos sobre el grado de intermediación (betweenness centrality), grado de cercanía (closeness centrality) y el prestigio o vector propio (eigenvector centrality), un grupo de métricas capaces de medir la importancia de los nodos en una red. Mapear o distribuir especialmente los datos reales de la actividad comunicativa en redes sociales.

5. Definir si los contenidos publicados siguen algún patrón común que trascienda distintos ámbitos sanitarios o médicos. En su caso, perfilar las características de dicho patrón.

6. Establecer si esos contenidos evocan ciertos criterios de sentimientos; es decir descubrir qué contenidos son argumentados bajo criterios de emotividad. También, a través de una codificación inicial, determinada y acotada entre los miembros del equipo de investigación (comunicadores, lingüistas, médicos, biólogos, estadísticos y epidemiólogos), descubrir sus criterios de polaridad.

7. Extraer conclusiones sobre las necesidades sociosanitarias y actividades de denuncia de los afectados. Temas más preocupantes y cuestiones más relevantes. Correlación de datos y análisis de regresión.

8. Consolidar, como modelo de análisis específico y de reflexión teórica, un marco teórico traslacional que permita explicar las nece-

sidades de las personas afectadas y optimizar la orientación de nuevas respuestas desde las administraciones públicas.

Al ser una metodología novedosa nunca utilizada anteriormente, la obtención de datos sobre los discursos de ER en las redes sociales resulta evidente la dificultad de su aplicación en este contexto, y ello hace más patente el valor y novedad de este proyecto. Los datos obtenidos tienen una especial importancia y servirán para descubrir dinámicas conversacionales y opiniones sobre temas importantes para mejorar la asistencia a las personas con ER. Identificar por primera vez en redes sociales las necesidades sociosanitarias de estas personas, así como las de sus cuidadores, es un gran reto. Las conclusiones y datos que se pueden extraer servirán para descubrir una realidad hasta ahora oculta, o tal vez matizada a través de los medios de comunicación social, a los que la gran mayoría de afectados por ER no tiene acceso.

Descifrar los mecanismos que construyen la comunicación en las redes sociales entre afectados de ER constituye una materia de análisis de enorme relevancia académica y social, a juzgar por la universalidad del discurso que subyace en las redes sociales procedente de unos usuarios que en muchos casos son olvidados y que reclaman los recursos sociosanitarios necesarios para sus patologías minoritarias. Conocer las necesidades de este colectivo, sus esperanzas y dificultades, atañe a los poderes públicos, medios de comunicación y actores políticos, en definitiva, a toda una sociedad. Esta investigación busca avanzar en esa dirección, y esclarecer realmente cómo se sienten esas personas, qué demandan de una colectividad avanzada y cómo una sociedad democrática debe gestionar su responsabilidad.

En este capítulo se ofrecen datos preliminares extraídos del proyecto REDER, en concreto la participación de la comunidad médica y científica y de los afectados en las redes sociales estudiadas, sobre un corpus de 30 enfermedades raras (consultar www.reder.es). En concreto, se descubre la interacción conversacional provocada en las redes sociales del colectivo médico y científico sobre los afectados y sus familias.

2. COMUNICACIÓN MÉDICO-PACIENTE

Por supuesto, hace décadas que la literatura destaca la importancia de la comunicación entre el médico y sus pacientes (Catalán et al., 2019). Tanto desde una perspectiva general, como en el entorno de la medicina familiar (Hernández-Torres, et al., 2006), como en los contextos clínicos más específicos: recientemente, Bañón Hernández y Sánchez Pérez (2023), por ejemplo, han analizado sistemáticamente las interacciones en el caso del trasplante a partir de la donación en asistolia controlada. Esta comunicación es crucial para el mejor conocimiento y comprensión del diagnóstico, para el afrontamiento eficaz y la adherencia a los tratamientos y, en definitiva, para la consecución de la mejor calidad de vida del paciente en sus procesos de salud.

La irrupción de las redes sociales ha producido que, además, la divulgación de sus conocimientos por parte de los médicos se convierta incluso en un asunto de salud pública, por cuanto la calidad de esta difusión enlaza directamente con la mejor comprensión por parte de los pacientes y, además, con la necesidad de contrastar mensajes equívocos, erróneos o malintencionados: bulos o desinformación especialmente relevante en el caso de las cuestiones relacionadas con la salud. De ahí que sea tan fundamental que los médicos se formen en el uso adecuado de estas herramientas y que asuman su responsabilidad en la divulgación de un conocimiento de calidad.

3. EL USO DE LAS REDES SOCIALES POR PARTE DE LOS MÉDICOS

El uso de redes sociales entre facultativos es un tema de creciente interés en la investigación médica y social, debido a su potencial para influir en la práctica clínica, la comunicación con pacientes y el desarrollo profesional. Hasta el momento, esta investigación ha revisado los aspectos clave de este campo, incluyendo el tipo de uso, los beneficios y riesgos asociados, las implicaciones éticas y legales, y las recomendaciones para un manejo adecuado.

Patrones de uso de las redes por parte de los médicos

El uso de redes sociales por médicos ha aumentado notablemente en la última década. Cuando se iniciaron los estudios sobre este uso, Antheunis et al., por ejemplo, (2013), ya se constató que los profesionales de la salud utilizaban principalmente LinkedIn (70,7%) y Twitter (51,2%), para comunicarse con sus colegas y por razones de *marketing*. Las principales barreras de los profesionales para usar estas redes eran la ineficiencia y la falta de habilidades para manejarlas adecuadamente.

Según los resultados de una encuesta realizada por entonces por Brown et al. (2014), la mayoría de los médicos participantes usaban las redes sociales de forma privada, solo el 30,5% (57/187) se había comunicado con un paciente a través del correo electrónico y menos de la mitad (89/185, 48,1%) podía ofrecer a sus pacientes formas electrónicas de información. La mayoría de los participantes (119/181, 65,8%) dudaban de sumergirse más a fondo en las redes sociales debido a preocupaciones sobre el acceso público y cuestiones legales.

Un año después, Vásquez-Silva y sus colaboradores (2015), llevaron a cabo un estudio sobre el acceso, uso y preferencias de las tecnologías de información y la comunicación de médicos de un hospital general del Perú, en el que se encuestó a 211 facultativos, en el que se evidenciaron diferencias en la frecuencia de uso de las TIC en el grupo de edad de 25 a 34 años, así como un mayor nivel de dominio ($p<0,05$); el 86% usaba PubMed, Facebook y WhatsApp como medio de intercambio de imágenes y datos relacionados con la salud, el 50% participaba en blogs médicos, cursos en línea o videoconferencias. Así que concluyeron que el uso de las TIC era frecuente en los médicos de dicho hospital y que existe interés en su uso en educación para los estudiantes de medicina.

En un estudio cualitativo, Campbell y sus colegas (2016), entrevistaron a diecisiete médicos y concluyeron que los participantes a menudo se veían a sí mismos como inexpertos que establecían sus propias reglas para las comunicaciones de salud en las redes sociales. Los participantes expresaron también incertidumbre sobre los límites o las estrategias para el uso de esas redes y las describieron como medios tradicionales, como una plataforma de comunicación unidireccional, en lugar de un foro interactivo. Finalmente, los participantes expresaron opiniones dispares sobre el tiempo que implica participar en las redes: algunos sintieron que el tiempo dedicado no era un problema para incluirlo en su día, mientras que otros sintieron que era un impedimento para la atención al paciente. Así que concluyeron que en aquel momento seguía habiendo incertidumbre sobre los roles y las responsabilidades de los médicos que brindaban contenido médico dentro de los foros de las redes sociales y pocos de ellos parecían estar utilizando las redes en todo su potencial. Los autores indicaban que los estudios futuros podrían informar sobre las mejores prácticas para optimizar la comunicación de la salud en las redes sociales para beneficiar a los pacientes.

Aquel mismo año, Panahi et al. (2016) destacaban que el uso de plataformas de redes sociales por parte de los profesionales de la salud, como blogs, wikis y sitios web, había crecido considerablemente en los últimos años, pero que, sin embargo, pocos estudios habían explorado las perspectivas y experiencias de los médicos en la adopción de las redes sociales para la atención médica. Los autores realizaron entrevistas semiestructuradas a 24 médicos de todo el mundo que eran usuarios activos de las redes y concluyeron que existen seis razones y seis desafíos principales para los médicos en el manejo de estas redes. Las principales razones para unirse a ellas fueron: mantenerse conectado con colegas, conocer y establecer redes con la comunidad en general, compartir conocimientos, participar en la educación médica continua, la evaluación comparativa y el desarrollo de marca. Por el contrario, los principales desafíos detectados en la utilización de las redes sociales por parte de los médicos fueron: mantener la confidencialidad, la falta de una participación más activa, encontrar tiempo, la falta de confianza en algunos contenidos, la aceptación y el apoyo en el lugar de trabajo y la anarquía informativa.

Este cierto temor al uso de las redes se constató también en un estudio realizado por Adilman et. al en ese mismo 2016, en el que se detectó un uso general bajo entre los oncólogos. Esta investigación puso el foco también en otro fenómeno que, desde entonces, se ha venido observando con regularidad, como es la brecha generacional significativa –un mayor uso por parte de los médicos más jóvenes–, así como diferencias significativas en los patrones de uso, también por edades (véase, por ejemplo, Alsobayel, 2016).

Recientemente, sin embargo, esta tendencia a evitar las redes se ha reducido y son cada vez más los médicos que las integran en su labor profesional y en su relación con la sociedad en general y con sus pacientes en particular. Según los resultados de una encuesta realizada por Bastidas Anabalón en 2021 a 757 médicos chilenos, el 95,5% tenían perfil en alguna red social y el 94,7% accedían diariamente a ellas. El 52,1% de los encuestados se relacionaban por redes sociales con sus pacientes y lo más utilizado era WhatsApp (65%), seguido del correo electrónico (27%). En esta relación, los médicos respondían a preguntas puntuales y daban indicaciones sólo a pacientes conocidos el 63 y el 73%, respectivamente. El 56,9% prescribía medicamentos también a pacientes conocidos y el 47% prefería no realizar una consulta médica completa por medios telemáticos. Un total de 554 médicos (el 73%) creía que al utilizar RRSS la relación clínica se complementa (no mejora ni empeora). Los eventuales problemas más reconocidos por su uso fueron: el 77,5%, la privacidad del médico; el 72%, problemas medicolegales; y el 58,9%, problemas con la confidencialidad. Un 56,8% no veía problemas con la privacidad del paciente y el 82% priorizaba el contacto humano en sus relaciones. Curiosamente, según este estudio, los médicos mayores de 40 años tenían mayor interacción por medios telemáticos que los más jóvenes. Finalmente, los médicos especialistas las usaban más que los médicos en formación y de medicina general, y las especialidades pediátricas igualmente interaccionaban más que las de adultos.

El último gran estudio al respecto es la encuesta sobre el uso de las redes sociales por parte del personal sanitario realizada a 285 profesionales de 35 países por Guerra y sus colegas para la European Heart Rhythm Association, cuyos resultados se han publicado en 2022. La encuesta indica que el 18,5% de los encuestados utiliza las redes sociales (RRSS) exclusivamente con fines profesionales, el 17,5% solo con fines privados y el 64,0% para ambos fines. La mayoría de los encuestados (42,7%) utiliza las RRSS de forma pasiva, mientras que el 38,3% y el 19,0% comparten contenido de forma no diaria y diaria, respectivamente. Los encuestados estiman una media de 5 (T1–T3: 2–10) horas semanales en las RRSS y 1 (T1–T3: 1–4) publicación semanal. Las RRSS más utilizadas para uso profesional son LinkedIn (60,8%), Twitter, ahora X (55,1%), Facebook (49,5%), YouTube (28,3%), Instagram (24,7%), blogs personales (3,1%) y TikTok (0,5%). El 60,2% de los encuestados indicó que el tiempo que pasa en las RRSS aumenta durante los congresos. Y, finalmente, el 66% de los encuestados declaró utilizar las RRSS para mantenerse actualizado sobre publicaciones recientes.

Desde hace años también, las investigaciones han detectado que las redes se usan por parte de los médicos para finalidades concretas, entre las que se encuentra la educación médica continua y la actualización profesional; la difusión de conocimientos; la promoción profesional y el *networking* (establecer contactos profesionales y buscar oportunidades de colaboración y desarrollo profesional. Los hallazgos de Rolls et al. (2016), por ejemplo, sugerían que los profesionales de la salud consideran las comunidades virtuales como portales de conocimiento valiosos para obtener información clínicamente relevante y de calidad que les permita tomar decisiones prácticas más informadas. Y Fox y Bird (2017). concluyeron que, a pesar del interés profesional por las redes sociales en estas especialidades, hay una escasez de estudios académicos sobre sus beneficios para el aprendizaje de profesores y médicos. Chan y sus colaboradores (2020) han destacado que las redes sociales se utilizan de forma ubicua para la traducción de conocimientos y la educación dirigida a los médicos y a los residentes. Y que han surgido algunas prácticas recomendadas a pesar de la naturaleza transitoria de varias de estas redes. De hecho, los investigadores y educadores pueden interactuar con los médicos y sus residentes utilizándolas para aumentar la adopción de nuevos conocimientos y generar cambios en el entorno clínico.

Aplicando una perspectiva de género, Espinoza-Portilla y Linares-Cabrera (2020) han descrito el rol de las redes sociales para contribuir al empoderamiento de las mujeres en medicina y han discutido las oportunidades de utilizarlas como herramienta para acceder a mentoría y a consejeros experimentados como modelos a seguir; el apoyo e interacción entre pares; y el acceso a información y educación continua.

Finalmente, otro de los usos que se ha desarrollado recientemente es el que tiene que ver con los propios tratamientos o lo que podríamos llamar *e-Health*. Ya hace casi una década, Pérez-Manchón (2015), por ejemplo, explicó extensamente el proyecto Salud 2.0: profesionales de África-España conectados, de la organización española Fundación Recover, Hospitales para África, que había conseguido desde su inicio conectar a profesionales de ambos continentes con el objetivo de mejorar la salud en Camerún. Y De Angelis et al. (2018) indicaron que la evidencia disponible sugería que los profesionales de la salud percibían que los foros de discusión y los proyectos colaborativos son plataformas de redes sociales útiles para facilitar la autogestión de enfermedades crónicas con los pacientes. En todo caso, indican también que la barrera más común para el uso de estas redes fue la falta de tiempo. Sea como fuere, los foros de discusión y los proyectos colaborativos parecen ser recursos prometedores para que los profesionales de la salud ayuden a sus pacientes a autogestionar sus enfermedades crónicas.

Beneficios y riesgos del uso de redes sociales por parte de los médicos

Más allá de lo que ya se ha comentado, el uso de redes sociales ofrece varios beneficios a los médicos: acceso a información y recursos; educación de los pacientes y divulgación pública, mejorando la prevención y el tratamiento de enfermedades. Pero, a pesar de esos beneficios, el uso de redes sociales también implica riesgos en el ámbito de la confidencialidad y la privacidad de los propios médicos, pero también del paciente; o la difusión de información errónea o no verificada, lo que puede tener consecuencias negativas para la salud pública.

Así, por ejemplo, Law et al. (2021) han estudiado las posibles motivaciones de los médicos y dentistas para utilizar las redes sociales de una manera que no necesariamente se ajusta a los estándares profesionales esperados durante la pandemia de la COVID-19. Los investigadores detectaron, entre otras conductas, comentarios controvertidos sobre la grave escasez de equipos de protección personal y los riesgos ocupacionales que conlleva para el personal clínico la infección por este virus; críticas dirigidas a los organismos reguladores en el manejo de la pandemia; y consejos profesionales al público en general que luego se descubrió que eran inexactos.

Consideraciones Éticas y Legales

Obviamente, todas estas conductas y los riesgos asociados a las mismas han motivado que se desarrolle un área de estudio acerca de las consideraciones éticas y legales que deben atenderse cuando los médicos utilizan las redes sociales. Y, por supuesto, a que diversas asociaciones médicas hayan desarrollado guías para orientar su uso ético, enfocándose en la confidencialidad, el profesionalismo y la transparencia.

Ya en 2016, Martínez Gil y sus colegas proporcionaban a los médicos y estudiantes de medicina algunas de estas recomendaciones éticas para tomar en cuenta antes de publicar contenido en internet. Y en 2022 Díaz García y Girón Prieto especificaron los riesgos más importantes para la seguridad en redes sociales –la comisión de injurias y calumnias, los riesgos contra la privacidad y contra la propiedad intelectual– y afirmaban que los médicos deben estar formados para evitarlos. Al presentarse como profesionales sanitarios en redes sociales, están sujetos a las responsabilidades éticas inherentes a su profesión, aunque las utilicen fuera del ámbito laboral.

En realidad, este uso de las redes por parte del personal sanitario está repleto de dilemas éticos: porque deben navegar entre la accesibilidad y la responsabilidad profesional, asegurándose de que ese uso de las redes no comprometa la relación médico-paciente o la integridad de la información médica. En particular, la literatura ha destacado dos ámbitos específicos en los que este colectivo ha de tener un especial cuidado: el conflicto de intereses y el uso de fotografías en las que se pueda identificar a los pacientes.

En el primer caso, el del conflicto de intereses, DeCamp (2013) señaló hace ya mucho que, para aprovechar los beneficios de las redes sociales y garantizar la veracidad de su contenido, preservando al mismo tiempo la confianza en la profesión, los médicos deben reafirmar su compromiso de revelar estos posibles conflictos. Pero ha sido el segundo asunto, el uso inadecuado de fotografías, el que ha motivado más cantidad de estudios.

Ya en 2012, Von Muhlen y Ohno-Machado señalaron que la publicación de contenido no profesional y las violaciones de la confidencialidad del paciente, especialmente por parte de los estudiantes, no eran infrecuentes y ya habían dado lugar a solicitudes de directrices para un uso conveniente de las redes sociales. Tiempo después, Villamizar y Moreno (2016) indicaron que el 97,6 % de los estudiantes encuestados manifestó ser usuario activo de, por lo menos, una de las principales redes sociales electrónicas (96,2 % de Facebook, 70,5 % de Instagram y 44,1 % de Twitter, ahora X)) y que el 17,6 % (52) manifestó haber publicado, por lo menos, en una ocasión una fotografía tomada durante la atención a los pacientes.

Al respecto, Arimany Manso y sus colegas. (2020), han indicado que el uso de la fotografía, necesario en el caso particular de la dermatología, conlleva unas implicaciones medicolegales y bioéticas, por lo que se recomienda un uso prudente de la fotografía médica en redes sociales. Por su parte, Vega, et al. (2020) detectaron que el 10,58% de sus encuestados publicaba contenido profesional en sus redes; que el 30,77% subían fotos con sus pacientes; y que el 11% lo hacían con fotos de pacientes menores de edad. Además, el 32% no mencionaba la autorización del paciente. Por contra, únicamente el 10,58% protegía la identidad de sus pacientes y solo el 3,85% no identificaba a las personas que aparecían en sus fotos.

Esa situación sigue vigente, a tenor de los estudios más recientes. Así, Guerrero-Arias et al. (2023), en una reciente encuesta a odontólogos y especialistas de la salud oral han destacado que, de los 127 participantes, el 60% publican fotografías de casos clínicos en sus redes, desconociendo cualquier protocolo ético y que, en conclusión, desconocen las implicaciones éticas y legales de la publicación de fotografías de casos clínicos en Facebook, X e Instagram, asociado a la vulneración de la intimidad, la privacidad y la confidencialidad del secreto médico profesional.

Finalmente, un último conjunto de riesgos que se ha analizado en el uso de las redes sociales por parte de los profesionales de la salud, como ocurre con el resto de la población, es el que tiene que ver con las cuestiones psicológicas. Aunque los resultados no son concluyentes. Sarmiento Gavilanes (2021), por ejemplo, analizó la influencia del uso de las redes sociales en estados de ansiedad y depresión en el personal médico y concluyó que el abuso de redes sociales y el tiempo de uso y acceso no están asociados estadísticamente a una mayor presencia de síntomas de estas dolencias. Sin embargo, por su parte, Mendoza Enríquez y sus colegas (2021) han detectado una relación significativa entre el uso de redes sociales y la presencia de sintomatología de *burnout*, pero también entre el uso de dispositivos móviles y una alta realización personal, lo cual pudiera ser una paradoja. Sin duda, son necesarias más investigaciones al respecto, y más específicas, para tener una orientación más significativa.

Recomendaciones y mejores prácticas

Para mitigar los riesgos y maximizar los beneficios del uso de las redes por parte del personal sanitario, Gómez Marín et al. (2023) han sugerido las siguientes recomendaciones: una formación en el manejo de esas herramientas; el desarrollo de políticas claras: las instituciones de salud deben establecer políticas que guíen el uso de redes sociales por parte de sus empleados; y una buena capacidad de reflexión y autocontrol: los médicos deben ser conscientes del impacto de sus publicaciones y actuar con responsabilidad en sus interacciones en línea.

4. LAS ENFERMEDADES RARAS Y LAS REDES SOCIALES

Respecto de las ER, ya se ha empezado a investigar la presencia de estas enfermedades en internet. De hecho, la relación entre Internet y las enfermedades poco frecuentes se ha convertido en los últimos años en un elemento destacado por parte de quienes se han interesado en la difusión de información sobre salud y enfermedad, y también en la actividad de asociaciones de pacientes e incluso de pacientes a título individual a la hora de acceder a información a través de la red (Ashtari y Taylor, 2022; Tozzi et al., 2013). Internet también ha servido para el desarrollo de plataformas de información modélicas en el ámbito de la salud, como por ejemplo Orphanet (Nabarette, 2003). El valor es mayor si tenemos en cuenta los problemas existentes para la acumulación, estructuración y difusión de información sobre estas patologías (Dagiral y Peerbaye, 2010; Pauer et al., 2017). Es, por tanto, una de las líneas de investigación más dinámicas, tanto en el ámbito internacional como también, de manera más reciente, en el español.

Muchas de estas enfermedades afectan a niños y adolescentes y parte de los estudios analizan cómo mejorar también los recursos digitales de apoyo para padres, madres y hermanos. Es decir, la comunicación *online* como recurso de ayuda para los pacientes de enfermedades raras, pero, sobre todo, de apoyo para las familias. Así, por ejemplo, las madres de niños con síndrome de Alagille manifestaron que consultan buscadores como Google para acceder a información, aumentar sus conocimientos y empoderarse: el conocimiento permite tomar decisiones con más seguridad y criterio, defender los derechos de sus hijos, y establecer relaciones y contactos con otros con similares experiencias (Glenn, 2015). De hecho, muchos padres de niños con enfermedades raras pueden llegar a recopilar e intercambiar tanta información que se convierten en "legos expertos" (Babac et al., 2019; Pemmaraju et al., 2016). La red permite la comunicación: buscar información y apoyo, así como sentirse conectados a otros padres. Recientemente, Seco-Sauces y Ruiz-Callado (2020a; 2020b) han analizado ochenta comunidades virtuales de pacientes con enfermedades raras en España y han mostrado su importancia en la comunicación y, por tanto, en la toma de decisiones con más información y apoyo.

En ese campo, Armayones et al. (2015) analizaron el uso de Facebook por parte de las asociaciones de pacientes de la Federación Española de Enfermedades Raras (FEDER) y destacaron la sensibilización hacia estas afecciones en general y a la propia de cada asociación en particular, así como el intercambio de contenidos, la difusión de la investigación y la recaudación de fondos.

López-Villafranca y Castillo-Esparcia, examinaron la comunicación que realizan en sus webs y redes sociales más de un centenar de organizaciones nacionales. Uno de los datos que señalaron es que la mayoría de las asociaciones consideraba necesario contar con una persona que se dedique a la comunicación, pero, al carecer de esta figura, la comunicación recae en personal voluntario o en trabajadores sin formación específica para ello (Castillo-Esparcia et al., 2015; López-Villafranca, 2016).

En un nuevo enfoque, Sánchez Castillo y Mercado Sáez (2021) han llevado a cabo un análisis en la red social TikTok en el que observan un discurso y representación de las enfermedades raras más individualizado, donde cada paciente expone su día a día y las necesidades y problemas derivados de su enfermedad. Y Pérez Dasilva et al. (2021) han analizado las interacciones de las asociaciones de pacientes con los distintos usuarios y líderes de opinión en X.

Sin embargo, la comunicación *online* también puede provocar sentimientos dolorosos como consecuencia de la información sobre expectativas poco halagüeñas, sobre todo de supervivencia, esperanza de vida reducida o muertes prematuras, así como el consumo de información de poca utilidad o no contrastada, o demasiado técnica. En su estudio con familias de Croacia, Stanarević Katavić (2019), presentaba el caso de una madre que definía las "estaciones" (*seasons*) de la comunicación *online* según las fases de la enfermedad por las que iba pasando su hijo. Y constataba y explicaba que suele consultarse más internet durante las malas estaciones o épocas, por ejemplo, la del diagnóstico. Además de destacar este aspecto, las familias señalaron la falta de consejos y guías para afrontar el día a día de la enfermedad, así como el poco acceso al conocimiento más novedoso (dificultad para acceder a las revistas médicas especializadas, al idioma en que están escritas y a la jerga experta que utilizan estas publicaciones).

Para minimizar algunos de estos problemas, se han dedicado esfuerzos a analizar las posibilidades de las aplicaciones en el ámbito de las enfermedades raras (Estopà y Armayones, 2021), contrastando con los pacientes el mejor diseño para evitar los efectos adversos de las medicaciones (de Vries et al., 2017), por ejemplo.

Sin embargo, más allá de estas aproximaciones al uso de internet y de las redes sociales por parte de la población en general, y de los médicos en particular, para desarrollar una comunicación en el ámbito de la salud, no existe, que sepamos, investigación sobre el uso de estas redes que hacen los médicos en el ámbito específico de las enfermedades minoritarias. De ahí la importancia del conjunto de investigaciones que se reúnen en este volumen y de las que se derivarán del desarrollo del proyecto REDER.

5. MÉTODO

En primer lugar, se muestran los datos parciales obtenidos en el proyecto REDER sobre 30 enfermedades raras distintas, cuyos contenidos conversacionales se han analizado en Facebook, X e Instagram (consultar www.reder.es), entre enero y mayo de 2023 y 2024. El proceso metodológico se construyó en base a 4 categorías (medio de comunicación; institución; usuario y usuario profesional) y 38 subcategorías (ver, en este mismo volumen, capítulo "La presencia de las enfermedades raras en las redes sociales. Primeras evidencias científicas", de Tomás Baviera).

En segundo lugar, se ofrecen los datos de una encuesta online distribuida entre médicos, científicos básicos y clínicos, y también entre el resto del sector sanitario que trabaja junto a afectados por enfermedades raras. En el momento de cerrar este capítulo se disponía de 65 encuestas confirmadas que han dado lugar a los datos ofrecidos en la tabla 2 en adelante.

6. RESULTADOS

Datos generales del análisis de las redes

Tabla 1: Actores en las redes

	FB	FB	X	X	IG	IG	Total usuarios	Total posts
	usuarios	posts	usuarios	posts	usuarios	posts		
Genérico	4	207	20	14	8	9	32	230
Científico	0	0	3	2	2	0	5	2
Especializado en salud y bienestar	3	8	8	24	3	6	14	38
Especializado en enfermedades raras	0	0	0	0	0	0	0	0
Farmacéutica	2	7	2	21	1	1	5	29
Asociación	0	0	0	0	0	0	0	0
Asociación de profesionales	2	14	6	98	4	4	12	116
Asociación de pacientes	1	21	3	39	4	1	8	61
Asociación de familias	2	32	0	0	0	0	2	32
Asociaciones comerciantes	2	0	0	0	0	0	2	0
Asociación de una ER concreta	16	470	33	1702	32	272	81	2444

Asociación relacionada con las ER	0	0	4	138	7	52	11	190
Asociación no especificada	0	0	0	0	2	0	2	0
Asociación relacionada con la salud	0	0	5	15	0	0	5	15
Administración pública	0	0	5	7	2	0	7	7
Hospital	1	2	7	48	10	63	18	113
Empresas/ profesionales que trabajan con/ para ER	2	10	10	264	3	0	15	274
Empresas de servicios médicos	3	10	5	168	29	20	37	198
Organización religiosa	1	0	0	0	1	0	2	0
ONG	3	5	0	0	1	29	4	34
FEDER	0	0	0	0	0	0	0	0
Fundación	0	0	0	0	2	0	2	0
Fundación relacionada con enfermedades raras	0	0	2	19	1	23	3	42

Fundación de una enfermedad en concreto	1	17	3	125	1	2	5	144
Fundación especializada en salud y bienestar	0	0	2	4	1	0	3	4
Instituto de Investigación	0	0	5	17	2	4	7	21
Sociedad científica/ Real Academia	1	3	14	189	10	50	25	242
Empresas no relacionadas con ER	0	0	0	0	0	0	0	0
Otra institución	0	0	1	0	3	16	4	16
Anónimo	0	0	17	1	3	3	20	4
Perfil personal paciente	2	1	18	56	25	134	45	191
Perfil personal	10	159	101	115	16	150	127	424
Comunidad de pacientes (no formalizada como as.)	3	122	0	0	0	0	3	122
Médico	3	23	11	37	22	134	36	194
Investigador	0	0	2	14	0	0	2	14

Político	0	0	0	0	0	0	0	0
Profesor	0	0	0	0	0	0	0	0
Otros	0	0	11	7	23	138	34	145
Totales	62	1111	298	3124	218	1111	578	5346
Media por RRSS		17,91		10,48		5,09		

(Elaboración propia)

La tabla 1 indica que X (antes Twitter) es la red social más utilizada (298/578 usuarios, el 50%), seguida por Instagram (218/578, el 37,7%) y Facebook (62/578, el 10,7%). Y también es en esta red donde se publican más posts (3124/5346, el 58,4%), mientras que en Instagram y Facebook se publicaron en el período analizado el mismo número de posts (1111), que suponen el 20,7% del total. Proporcionalmente, sin embargo, la red social que presenta una mayor tasa de participación, es decir, una relación mayor entre número de usuarios y número de posts publicados es Facebook, en la que cada usuario publicó en el período analizado una media de 17,7 posts, seguida de X (10,4 post por cada usuario) e Instagram (algo más de 5 posts por cada usuario). Los usuarios que más posts publicaron (2444/5346, nada menos que el 45,7% del total, casi la mitad) fueron las asociaciones de alguna ER concreta, que se muestran, por tanto, como las más activas de este ámbito, sobre todo en X, en donde publicaron 1702 de los 3124 detectados en la muestra, el 54% del total analizado.

Tabla 2: Tasa de interacción

	Usuarios	Posts	Interacciones	Interacciones / post
Asociaciones	92	1605	2933	1.8
Comunidad médica	36	669	5842	8.7
Comunidad científica	34	1413	1610	1.1

(Elaboración propia)

El otro dato que querríamos destacar es el que se muestra en la tabla 2. En ella se han reunido los usuarios por grandes grupos (Asociaciones, Comunidad médica y Comunidad científica), los *posts* publicados por cada uno de ellos durante el periodo de análisis, y las interacciones totales que se produjeron en cada caso, de manera que podemos determinar una "tasa de interacción", es decir, una media de interacciones que produjo cada post. El objetivo es determinar cuál de los tres grupos de actores consigue una mayor interacción, es decir, un mayor interés que se manifiesta en un mayor número de respuestas, comentarios o preguntas derivados de cada post. Y el resultado es muy significativo: la comunidad científica tiene una tasa de interacción del 1,1 (es decir, cada uno de sus *post* produce una media cercana a una interacción), las asociaciones tienen una tasa de 1,8 (con cada post producen una media cercana a dos interacciones), pero la comunidad médica tiene una tasa de 8,7 (cada post que publican los médicos produce una media de casi 9 interacciones. Esto indica que existe un enorme interés en lo que publican los médicos en las redes sociales, y que, por tanto, estos deberían asumir esta responsabilidad, formarse para un uso adecuado de estas redes y aprovecharlas en todo su potencial.

Datos generales de la encuesta

Se ofrecen a continuación los resultados principales de la mencionada encuesta.

Tabla 3: Años de experiencia profesional / ¿Con qué frecuencia emplea las redes sociales para obtener información médica o científica sobre enfermedades raras?

	Nunca	Rara-mente	Ocasio-nalmente	Frecuente-mente	Muy frecuen-temente	Total
Menos de 5 años	1	1	0	0	0	2
Entre 5 y 10 años	1	1	0	0	0	2

Entre 10 y 20 años	3	5	5	1	0	14
Entre 20 y 30 años	6	2	13	2	2	25
Más de 30 años	10	4	6	1	1	22
Total	**21**	**13**	**24**	**4**	**3**	**65**

(Elaboración propia)

La mayoría de los profesionales encuestados no utiliza las redes sociales o lo hace raramente (34/65, el 52%), mientras que casi el 40% la (24/65) declara usarlas ocasionalmente y son muy pocos (7/65, el 10,7%) los que las usan frecuentemente o muy frecuentemente. Por años de experiencia profesional, no se observan apenas diferencias: los que tienen menos años de experiencia no las usan, y las utilizan poco (Nunca, Raramente, Ocasionalmente) el 92% (13/14) de los que tienen entre 10 y 20 años de experiencia y el 91% (20/22) los que tienen más de 30 años de experiencia. De modo que los que las utilizarían más serían los que tienen entre 20 y 30 años de experiencia, de los que, en todo caso, las usarían frecuentemente o muy frecuentemente el 16% (4/25).

Tabla 4: Años de experiencia profesional / ¿Con que frecuencia emplea las redes sociales para buscar alguna asociación o fundación de pacientes sobre enfermedades raras?

	Nunca	Rara-mente	Ocasional-mente	Frecuente-mente	Muy frecuen-temente	Total
Menos de 5 años	1	1	0	0	0	2
Entre 5 y 10 años	1	0	1	0	0	2
Entre 10 y 20 años	2	5	5	1	1	14

Entre 20 y 30 años	5	3	10	6	1	25
Más de 30 años	11	3	4	2	2	22
Total	20	12	20	9	4	65

(Elaboración propia)

Lógicamente, estos resultados se reproducen básicamente cuando se pregunta a los encuestados acerca de la frecuencia con la que utilizan las redes sociales para buscar alguna asociación o fundación de pacientes sobre enfermedades raras: solo el 20% responde que lo hace frecuentemente o muy frecuentemente. Y por años de experiencia, los que más las utilizan para esta finalidad son los que tienen entre 20 y 30 años de dedicación (7/25, el 28%) y los que tienen entre 10 y 20 años de experiencia. Los que menos las usarían para esta finalidad son los que tienen también menos años de ejercicio de la profesión.

A continuación, las tablas 5 y 6 muestran los datos de participación de los encuestados según su especialidad y las redes sociales que más utilizan. La primera indica que la mayoría de los participantes son genetistas, médicos de familia y especialistas en biología molecular. La segunda, que la red social más utilizada es LinkedIn (26/65 la utilizan, el 40% de los encuestados), seguida de X, antes Twitter (que usan 13/65, el 20%) e Instagram (7/65, el 10,7%). Estos datos apuntan que los médicos hacen un uso predominantemente profesional de las redes en el ámbito de las ER.

Tabla 5: Especialidad médica y/o científica

	Frecuencia (n)	Porcentaje (%)
Genética	19	29,2
Medicina Familiar y Comunitaria	13	20,0
Biología Molecular	10	15,4
Bioquímica	3	4,6

Fisiología	3	4,6
Bioinformática	2	3,1
Neuropediatría	2	3,1
Otros	2	3,1
Pediatría	2	3,1
Psiquiatría	2	3,1
Análisis clínicos	1	1,5
Anestesiología	1	1,5
Ciencias Sociales	1	1,5
Farmacia	1	1,5
Neurobiología	1	1,5
Neurología	1	1,5
Psicología	1	1,5
Total	**65**	100,0

(Elaboración propia)

Tabla 6: Especialidad médica o científica / Red social principal

	Instagram	Facebook	X (Twitter)	LinkedIn	Otras	ns/nc	Total
Genética	1	1	5	9	1	2	19
Medicina Familar y Comunitaria	4	1	4	2	0	2	13
Biología Molecular	0	2	1	6	0	1	10
Bioquímica	0	0	0	2	1	0	3
Fisiología	0	1	0	0	0	2	3
Bioinformática	0	0	0	1	1	0	2
Neuropediatría	0	0	1	0	0	1	2

Psiquiatría	o	o	o	2	o	o	2
Otros	1	o	o	1	o	o	2
Pediatría	o	o	o	1	o	1	2
Análisis clínicos	o	o	1	o	o	o	1
Anestesiología	1	o	o	o	o	o	1
Ciencias Sociales	o	o	1	o	o	o	1
Farmacia	o	o	o	o	o	1	1
Neurobiología	o	o	o	1	o	o	1
Neurología	o	o	o	o	1	o	1
Psicología	o	o	o	1	o	o	1
Total	**7**	**5**	**13**	**26**	**4**	**10**	**65**

(Elaboración propia)

Tabla 7: Especialidad / Creo que las redes sociales son FIABLES para obtener información médica o científica relativa a las enfermedades raras

	Totalmente en desacuerdo	En des- acuerdo	Inde- ciso	De acuerdo	Total- mente de acuerdo	Total
Genética	3	5	8	3	o	19
Medicina Familiar y Comunitaria	3	3	4	2	1	13
Biología Molecular	1	5	2	2	o	10
Fisiología	2	o	1	o	o	3
Bioquímica	1	1	1	o	o	3
Psiquiatría	1	1	o	o	o	2
Bioinformática	o	1	o	1	o	2

Pediatría	0	0	2	0	0	2
Otros	0	0	1	0	1	2
Neuropediatría	0	0	2	0	0	2
Neurología	0	1	0	0	0	1
Neurobiología	0	1	0	0	0	1
Psicología	0	0	0	1	0	1
Farmacia	1	0	0	0	0	1
Ciencias Sociales	0	0	1	0	0	1
Anestesiología	0	0	0	1	0	1
Análisis clínicos	0	0	1	0	0	1
Total	12	18	23	10	2	65

(Elaboración propia)

La tabla 7 muestra el grado de confianza que los encuestados tienen en que las redes sociales sean fiables para obtener información médica o científica relativa a las enfermedades raras, por especialidades médicas. E indica que, si sumamos los porcentajes de respuestas en las opciones totalmente en desacuerdo, en desacuerdo e indeciso, prácticamente todas las especialidades muestran una gran desconfianza en la calidad de la información difundida sobre enfermedades minoritarias por redes y que, de hecho, si tomamos en consideración las especialidades en las que el número de respuestas es significativo (10 o más), los que reflejan una mayor confianza en este aspecto son los de medicina familiar y comunitaria, de los que el 23% están de acuerdo o totalmente de acuerdo en que las redes son fiables para obtener información sobre las ER, seguidos por los especialistas en biología molecular (el 20% las considera fiables) y los genetistas (de los que confían en ellas el 15,7%).

Tabla 8: Especialidad / Creo que las redes sociales son ÚTILES para obtener información sobre las enfermedades raras

	Totalmente en desacuerdo	En desacuerdo	Indeciso	De acuerdo	Totalmente de acuerdo	Total
Genética	0	0	10	8	1	19
Medicina Familiar y Comunitaria	1	2	4	4	2	13
Biología Molecular	0	2	3	4	1	10
Fisiología	2	0	1	0	0	3
Bioquímica	1	1	0	1	0	3
Psiquiatría	0	1	1	0	0	2
Bioinformática	0	0	1	0	1	2
Pediatría	0	0	1	1	0	2
Otros	0	0	0	1	1	2
Neuropediatría	0	0	0	1	1	2
Neurología	0	0	1	0	0	1
Neurobiología	0	0	0	1	0	1
Psicología	0	0	0	1	0	1
Farmacia	1	0	0	0	0	1
Ciencias Sociales	0	0	0	1	0	1
Anestesiología	0	0	0	1	0	1
Análisis clínicos	0	0	1	0	0	1
Total	5	6	23	24	7	65

(Elaboración propia)

Por supuesto, la tabla 8, que es como un reflejo en espejo de la tabla 7, confirma que la inmensa mayoría de los encuestados muestra una gran o relativa desconfianza en que las redes sociales sean útiles para obtener información sobre las enfermedades raras. Y, si aplicando el procedimiento de análisis que hemos utilizado en la anterior (tomar en consideración las especialidades en las que el número de respuestas es de 10 o más, se constata que los más confiados en la utilidad de las redes (de acuerdo y totalmente de acuerdo) son los especialistas del ámbito de la biología molecular (el 50%), seguidos de los genetistas (el 47,3%) y los médicos de familia (el 46,1%).

Aportaciones en campo abierto

En el campo abierto de la encuesta, muy pocos de los participantes reflejaron una predisposición reticente al uso de las redes o, al menos, precavida:

Apenas utilizo redes sociales.

La actitud mayoritaria que se refleja es la de distinguir entre los peligros y las ventajas de las redes, para aprovechar las segundas, aunque esto se considera difícil:

> Hay mucho ruido en las redes sociales, pero también mucha gente, asociaciones e instituciones generosas, que comparten información de calidad. El truco está en descubrir para seguir a los segundos y detectar para bloquear a los primeros. No es fácil.

> Lo que es más difícil es tener criterio para poder seleccionar la información de calidad en medio de tanta información poco contrastada o trivial.

Los participantes comprenden la importancia de las redes sociales y su uso para difundir una información de calidad:

> Considero muy importante que se pueda dar información a través de las redes sociales. Hay un grupo de la población que obtiene la información únicamente en estos medios. Por ello pienso que de alguna manera tendría que poder revisarse que la información que se cuelga en la red es correcta.

Y, finalmente, las comprenden como una oportunidad para conseguir y divulgar información de calidad.

> Considero las redes sociales como una plataforma para poder llegar a sitios más adecuados para obtener una mayor y adecuada información.

Tal y como son ahora las RRSS, aunque puede haber información valiosa, creo que queda eclipsada por la gran cantidad de información errónea, mucha interesada por fines económicos, que impide a las personas sin formación específica informarse adecuadamente. Creo que el CIBERER tiene una oportunidad de aprovecharlas aportando a los pacientes información médica y científica de calidad.

7. CONCLUSIONES

Como viene haciéndolo la literatura en los últimos años respecto de los profesionales sanitarios en general, los datos de nuestra investigación indican que la mayoría de los profesionales de la salud relacionados con las ER no utiliza las redes sociales o lo hace raramente. Entre las causas de este poco uso, nuestro análisis apunta a que prácticamente todas las especialidades muestran una gran desconfianza en que las redes sean útiles para obtener información sobre estas enfermedades, así como en la calidad de la información difundida. En todo caso, las redes más utilizadas son LinkedIn y X (antes Twitter), lo que apunta a que los médicos hacen un uso predominantemente profesional de las redes en el ámbito de las ER.

Una de las conclusiones más robustas extraídas de los datos analizados, es que la comunidad médica, aunque con menos usuarios, es la que más interacción ha producido en RRSS, frente a otras como la comunidad científica. Según la tabla 2, solo 36 usuarios médicos y únicamente con 669 posts han inducido 5842 interacciones (tasa media 8,7). Sin embargo, la comunidad científica (investigadores básicos y clínicos), con los mismos usuarios que los médicos (n=34) han publicado más del doble de posts (n=1413), pero han obtenido una interacción manifiestamente más baja (n=1610), lo que produce una tasa media de 1,1. Estos datos confirman que los afectados y sus familias consideran más oportuno y útil entablar conversación y compartir datos con los médicos frente a la comunidad científica. Aunque se escapa de los límites de esta investigación, estos datos podrían corroborar un divorcio entre el discurso científico y de los pacientes, es decir, un proceso traslacional poco eficaz, o tal vez una didáctica científica poco elaborada. No obstante, resulta interesante recordar que las asociaciones de pacientes tienen entre sus principales intereses lograr fondos económicos para la investigación.

8. LIMITACIONES Y APORTACIONES DEL ESTUDIO

El análisis de contenidos realizado con la muestra considerada nos ofrece una visión general, únicamente sobre 30 ER, de la distribución de publicaciones respecto a los actores implicados en este proceso conversacional. Uno de los límites de esta investigación se observa en el número de patologías incluidas, y sería oportuno confirmar estos datos con un número mayor de la muestra. No obstante, una de las principales evidencias del proyecto es la haber construido un mapa de variables con las que analizar el discurso en redes sociales de cualquier enfermedad rara. En la construcción de la tabla de variables el grupo investigador empleó más de 8 meses, debido entre otras razones a la diversidad en la orientación de las patologías y al número tan dispar de afectados. Ha sido todo un reto obtener una tabla de análisis capaz de descifrar el discurso de cualquier enfermedad rara en RRSS y conocer cuál es el relato que subyace, y en consecuencia conocer las necesidades sociosanitarias de estos grupos de afectados.

REFERENCIAS

ADILMAN, R., RAJMOHAN, Y., BROOKS, E., URGOITI, G. R., CHUNG, C., HAMMAD, N., ... & SIMMONS, C. "ReCAP: Social media use among physicians and trainees: results of a national medical oncology physician survey". *Journal of Oncology Practice*, *12*(1), (2016), 79-80.

ALSOBAYEL, H. "Use of social media for professional development by health care professionals: a cross-sectional web-based survey". *JMIR medical education*, (2016), 2(2), e6232.

ANTHEUNIS, M. L., TATES, K., & NIEBOER, T. E. "Patients' and health professionals' use of social media in health care: motives, barriers and expectations". *Patient education and counseling*, 92(3), (2013), 426-431.

ARIMANY MANSO, J., TEBERNER FERRER, R., PIDEVALL, I., MOSCARDÓ BALLESTER, J., & MARTIN-FUMADÓ, C. "Implicaciones bioéticas y médico-legales del uso de la fotografía en dermatología". *Actas Dermo-Sifiliográficas*, *111*(2), (2020), 107-114.

ARMAYONES, M., REQUENA, S., GÓMEZ-ZÚÑIGA, B., POUSADA, M., Y BAÑÓN, A. M. "El uso de Facebook en asociaciones españolas de enfermedades raras: ¿Cómo y para qué lo utilizan?" *Gaceta Sanitaria*, 29(5), (2015), 335–340. https://dx.doi.org/10.1016/j.gaceta.2015.05.007

ASHTARI, S. Y TAYLOR, A. D. The Internet knows more than my physician: Qualitative interview study of people with rare diseases and how they use online support groups. *Journal of medical Internet research*, 24(8), (2022) e39172. https://doi.org/10.2196/39172

BABAC, A., VON FRIEDRICHS, V., LITZKENDORF, S., ZEIDLER, J., DAMM, K. Y GRAF VON DER SCHULENBURG, J. M. "Integrating patient perspectives in medical decision-making: A qualitative interview study examining potentials within the rare disease information exchange process in practice". *BMC Medical Informatics and Decision Making*, 19, 1–17. https://doi.org/10.1186/s12911-019-0911-z

BAÑÓN HERNÁNDEZ, A. M. & SÁNCHEZ PÉREZ, R. (2023). *Interacciones en contextos clínicos: el ejemplo del trasplante a partir de la donación en asistolia controlada*. En A. I. Codesido, C. Hernández Sacristán y V. Marrero, *Lingüística clínica en el ámbito hispánico: Un panorama de estudios* (2023),319-351. Peter Lang Alemania.

BASTIDAS ANABALÓN, J. A. *La relación clínica en la era de la telemedicina y las redes sociales, encuesta a médicos chilenos*. *2021*. (Doctoral dissertation, Universidad del Desarrollo. Facultad de Medicina).

BROWN, J., RYAN, C., & HARRIS, A. "How doctors view and use social media: a national survey". *Journal of medical Internet research*, 16((2014) e267.

CAMPBELL, L., EVANS, Y., PUMPER, M., & MORENO, M. A. "Social media use by physicians: a qualitative study of the new frontier of medicine". *BMC medical informatics and decision making*, 16, (2016) 1-11.

CASTILLO-ESPARCIA, A., LÓPEZ-VILLAFRANCA, P. Y CARRETÓN-BALLESTER, C. "La comunicación en la red de pacientes con enfermedades raras en España". *Revista Latina De Comunicación Social*, 70, (2015) 673–688. https://doi.org/10.4185/RLCS-2015-1065

CATALÁN, D., PEÑAFIEL, C., & TERRÓN, J. L.¿Por qué la comunicación en salud es importante?: Avances e investigación. Thomson Reuters Aranzadi, 2019.

CHAN, T. M., DZARA, K., DIMEO, S. P., BHALERAO, A., & MAGGIO, L. A. "Social media in knowledge translation and education for physicians and trainees: a scoping review". *Perspectives on medical education, 9,* (2020) 20-30.

DAGIRAL, E. Y PEERBAYE, A. *La construction et la diffusion de l'information sur les maladies rares. En H. Romeyer, La santé dans l'espace public* (pp. 149–158). Presses de l'Ecole des Hautes Etudes en Santé Publique. 2010.

DE ANGELIS, G., WELLS, G. A., DAVIES, B., KING, J., SHALLWANI, S. M., MCEWAN, J., ... & BROSSEAU, L. "The use of social media among health professionals to facilitate chronic disease self-management with their patients : A systematic review". *Digital health, 4,* (2018) 2055207618771416.

DECAMP, M. "Physicians, social media, and conflict of interest". *Journal of general internal medicine, 28* (2013), 299-303.

DE VRIES, S. T., WONG, L., SUTCLIFFE, A., HOUŸEZ, F., LASHERAS RUIZ, C., MOL, P. G. M. Y IMI WEB-RADR WORK PACKAGE 3B CONSORTIUM. "Factors influencing the use of a mobile app for reporting adverse drug reactions and receiving safety information: A qualitative study". *Drug Safety, 40,* (2017), 443–455. https://doi.org/10.1007/s40264-016-0494-x

DÍAZ GARCÍA, R. M., & GIRÓN PRIETO, M. S. "Uso de redes sociales en comunicación sanitaria". *FMC-Formación Médica Continuada en Atención Primaria, 29*(2022) 18-27.

ESPINOZA-PORTILLA, E., & LINARES-CABRERA, V. J. "El rol de las redes sociales y el empoderamiento de las mujeres en medicina". *Revista Peruana de Medicina Experimental y Salud Pública, 37,* (2020), 136-141.

ESTOPÀ R. Y ARMAYONES, M. "Metodología JUNTS de creación de Webapps para el abordaje de barreras en la comunicación médico-paciente: el caso de la aplicación COMJuntos en el ámbito de las enfermedades raras. Teknokultura". *Revista de Cultura Digital y Movimientos Sociales, 18*(2021), 157–165. https://doi.org/10.5209/tekn.73595

FOX, A., & BIRD, T. "# any use? What do we know about how teachers and doctors learn through social media use?" *Qwerty-Open and Interdisciplinary Journal of Technology, Culture and Education, 12*(22017), 64-87.

GLENN, A. D. "Using online health communication to manage chronic sorrow: Mothers of children with rare diseases speak". *Journal of Pediatric Nursing,* 30(2015), 17–24. https://10.1016/j.pedn.2014.09.013

GÓMEZ MARÍN, J., ROBAYO RODRÍGUEZ, Y. & CABRERA LOZADA, C. "Aspectos bioéticos del uso de redes sociales en obstetricia y ginecología". *Obstetricia y Ginecología, 83*(2023), 485-500.

GUERRA, F., LINZ, D., GARCIA, R., KOMMATA, V., KOSIUK, J., CHUN, J., ... & DUNCKER, D. "The use of social media for professional purposes by healthcare professionals: the# intEHRAct survey". *EP Europace, 24*(2022), 691-696.

GUERRERO-ARIAS, A., JIMÉNEZ-AGUDELO, Z., GUTIÉRREZ-QUICENO, B., & MORENO-GÓMEZ, F. "Comportamiento ético de odontólogos y especialistas de la salud oral en redes sociales electrónicas: Publicación de fotografías de casos clínicos". *Universitas Odontologica, 42 (2023).*

HERNÁNDEZ-TORRES, I., FERNÁNDEZ-ORTEGA, M. A., IRIGOYEN-CORIA, A., & HERNÁNDEZ-HERNÁNDEZ, M. A. "Importancia de la comunicación médico-paciente en medicina familiar". *Archivos en Medicina Familiar, 8*(2006), 137-144.

LAW, R. W., KANAGASINGAM, S., & CHOONG, K. A. "Sensationalist social media usage by doctors and dentists during Covid-19". *Digital Health, 7,* (2021), 20552076211028034.

LÓPEZ-VILLAFRANCA, P. "Estudio de la presencia de los gabinetes de comunicación en las organizaciones de pacientes con enfermedades raras en España". *Revista Internacional de Relaciones Públicas, 6*(2016), 27–46. https://doi.org/10.5783/revrrpp.v6i11.394

MARTÍNEZ GIL, L. A., MARTÍNEZ FRANCO, A. I., & VIVES VARELA, T. "Las consideraciones éticas del uso de las redes sociales virtuales en la práctica médica". *Revista de la Facultad de Medicina (México), 59*(2016), 36-46.

MENDOZA ENRÍQUEZ, D. A., PARRA ACOSTA, H., PALLARES CHAVIRA, J. A. P., & LÓPEZ LOYA, J. "Smartphones y uso de redes sociales: incidencia en el burnout en médicos residentes". *Educación Médica, 22,* (2021), 70-76.

NABARETTE, H. *L'infomédiation en santé: L'exemple d'Orphanet dans les maladies rares.* [Tesis doctoral, Paris 1]. 2003.

PANAHI, S., WATSON, J., & PARTRIDGE, H. "Social media and physicians: exploring the benefits and challenges". *Health informatics journal, 22*(2016), 99-112.

PAUER, F., LITZKENDORF, S., GÖBEL, J., STORF, H., ZEIDLER, J. Y GRAF VON DER SCHULENBURG, J. M. "Rare diseases on the Internet: An assessment of the quality of online Information". *Journal of medical Internet research*, 19(2017), e23. https://doi.org/10.2196/jmir.7056

PEMMARAJU, N., GUPTA, V., THOMPSON, M. A. Y LANE, A. A. "Social media and Internet resources for patients with blastic plasmacytoid dendritic cell neoplasm (BPDCN)". *Current Hematologic Malignancy Reports*, 11 (2016) 462–467. https://doi.org/10.1007/s11899-016-0340-3

PÉREZ DASILVA, J., SANTOS DIEZ, M. T. Y MESO AYERDI, K. "Las asociaciones de enfermedades raras: Estructura de sus redes e identificación de los líderes de opinión mediante la técnica del análisis de redes sociales". *Revista Latina de Comunicación Social*, 79 (2021) 175–205. https://doi.org/10.4185/RLCS-2021-1498

PÉREZ-MANCHÓN, D. "Telemedicina, una red social médica de ayuda humanitaria entre España y Camerún". *Gaceta Sanitaria*, 29(2015), 59-61.

ROLLS, K., HANSEN, M., JACKSON, D., & ELLIOTT, D. (2016). "How health care professionals use social media to create virtual communities: an integrative review". *Journal of medical Internet research*, 18(2016), e166.

SÁNCHEZ-CASTILLO, S. Y MERCADO SÁEZ, M. T. "Sufro una grave enfermedad rara: Reto a cantar y hacer coreografías en TikTok". *Profesional de la Información*, 30(2021), e300414. https://doi.org/10.3145/epi.2021.jul.14

SARMIENTO GAVILANES, S. D. *Influencia del uso de las redes sociales en estados de ansiedad y depresión en el personal médico del Centro de Salud tipo C Carlos Elizalde, Cuenca, en el período octubre-diciembre 2020* (Master's thesis). 2021.

SECO-SAUCES, M. O. Y RUIZ-CALLADO, R. "Uso de la web 2.0 en comunidades virtuales de pacientes con enfermedades raras en España". *Comunicación y Sociedad*, (2020a)e7384, 1–21. https://doi.org/10.32870/cys.v2020.7384

SECO-SAUCES, M. O. Y RUIZ-CALLADO, R. "Las enfermedades raras en la red. Oportunidades y retos organizacionales en la sociedad digital". *Prisma Social*, (2020b) 29, 98–122.

SMAILHODZIC, E., HOOIJSMA, W., BOONSTRA, A., & LANGLEY, D. J. "Social media use in healthcare: A systematic review of effects on patients and on their relationship with healthcare professionals". *BMC health services research*, 16, (2016), 1-14.

STANAREVIĆ KATAVIĆ, S. "Health information behaviour of rare disease patients: Seeking, finding and sharing health information". *Health Information and Libraries Journal*, 36, (2019), 341–356. https://doi.org/10.1111/hir.12261

TOZZI, A. E., MINGARELLI, R., AGRICOLA, E. GONFIANTINI, M., PANDOLFI, E., CARLONI, E., GESUALDO, F. Y DALLAPICCOLA, B. "The internet user profile of Italian families of patients with rare diseases: A web survey". *Orphanet Journal of Rare Diseases*, 8(2013). https://doi.org/10.1186/1750-1172-8-76

VÁSQUEZ-SILVA, L., TICSE, R., ALFARO-CARBALLIDO, L., & GUERRA-CASTAÑON, F. (2015). "Acceso, uso y preferencias de las tecnologías de información y comunicación por médicos de un hospital general del Perú". *Revista peruana de medicina experimental y salud pública*, 32, (2015), 289-293.

VEGA, A., DAYANA, N., QUIROGA, C., VANESSA, S., RAMOS, J., GABRIELA, S., ... & MARCELA, L. Comportamientos éticos relacionados con el uso de redes sociales en estudiantes de séptimo a décimo semestre de la facultad de odontología de la Universidad Santo Tomás. 2020.

VILLAMIZAR, P. J., MORENO, S. M., & MORENO, F. "Manejo de las redes sociales electrónicas por parte de los estudiantes de medicina: el caso de la publicación de fotografías de los pacientes y el profesionalismo médico". *Biomédica*, 36(2016), 140-148.

VON MUHLEN, M., & OHNO-MACHADO, L. (2012). "Reviewing social media use by clinicians". *Journal of the American Medical Informatics Association*, 19(2012), 777-781.

Autores

Eulalia Alonso Iglesias. Profesora Titular de Bioquímica y Biología Molecular en la Facultad de Medicina de la Universidad de Valencia. Es coordinadora de la asignatura de "Bioquímica y Biología Molecular" en el Grado de Medicina y del módulo "Regulación e integración metabólica" del Máster "Aproximaciones moleculares en Ciencias de la Salud", y directora de la Unidad de Investigación "Enzimología y Bioquímica Metabólica" del Departamento de Bioquímica y Biología Molecular. Actualmente, en colaboración con la Asociación de pacientes con Síndrome Idic15, dirige un proyecto multidisciplinar encaminado a la búsqueda de biomarcadores celulares, moleculares y metabólicos que permitan orientar en el diagnóstico y/o tratamiento de esta patología rara del neurodesarrollo.

Antonio M. Bañón Hernández. Catedrático de Lengua Española en la Universidad de Almería (España) y director del Grupo de Investigación 'Estudios Críticos sobre la Comunicación' (Grupo ECCO). Es autor de más de 200 publicaciones científicas sobre análisis del discurso aplicado a la realidad social. Una parte importante de ellas son trabajos relacionados con la medicina y las enfermedades poco frecuentes.

Miguel Bañón Fernández. Graduado en Multimedia y Máster en Periodismo y Comunicación Digital por la Universitat Oberta de Catalunya (UOC). Actualmente, doctorando en Comunicación e Interculturalidad por la Universitat de València. Sus investigaciones se centran en la interrelación y las sinergias que existen entre el nuevo entorno digital en la actividad comunicativa, las redes sociales, los videojuegos y las personas con discapacidad. Ha publicado en medios digitales como Anait Games y, también, en la Revista Manual y *Nuevos retos de la discapacidad y la comunicación en la sociedad del conocimiento*, de la editorial Tirant lo Blanch. Creador, co-director y co-presentador del podcast sobre videojuegos y cultura *Distrito 42*, emitido en Onda Cero Almería desde 2020 hasta 2022.

Tomás Baviera Puig. Profesor Titular en el departamento de Economía y Ciencias Sociales de la Universitat Politècnica de València. Estudió Ingeniería de Telecomunicación en esa misma universidad, cursó un Máster de Sociología en la Universitat Autònoma de Barcelona y se doctoró en Periodismo por la Universitat de València. Su docencia está centrada en el marketing. Desde el año 2012 forma parte del Institute for Ethics in Communication and Organizations (IECO). Sus intereses de investigación están relacionados con las redes sociales y el marketing digital.

Clara Cavero Carbonell. Licenciada en Farmacia, Doctora en Medicina con mención internacional, Máster Oficial Universitario en Salud Pública, Máster Propio en Enfermedades Raras, Máster en Metodología de la investigación en Ciencias de la Salud y Máster Propio en Salud Pública y Gestión Sanitaria. Investigadora en el Área de Investigación en Enfermedades Raras de la Fundación para el Fomento de la Investigación Sanitaria y Biomédica de la Comunitat Valenciana (FISABIO). Además, es miembro de la Unidad Mixta de Investigación en Enfermedades Raras de FISABIO-Universitat de València, miembro de la Comisión del seguimiento del Sistema de Información de Enfermedades Raras de la Comunitat Valenciana (SIER-CV), miembro del Comité científico de Orphanet y de la Alianza en investigación trasnacional en enfermedades raras de la Comunitat Valenciana y miembro del Comité Ético de Investigación de Salud Pública de la Comunidad Valenciana. Autora de más de 70 artículos originales indexados, autora de más de 100 comunicaciones científicas e investigadora principal y colaboradora de proyectos internacionales, nacionales y regionales sobre enfermedades raras, anomalías congénitas y tumores raros.

Pilar Codoñer Franch. Catedrática Emérita de Pediatría de la Universidad de València. Ha sido Coordinadora de la Asignatura optativa "Enfermedades Raras" en el Grado de Medicina, y colaboradora en el Máster propio "Fisiopatología de las enfermedades raras". Presenta una estrecha colaboración con Asociaciones de pacientes, como la Asociación Valenciana de pacientes con síndrome de Prader Willi y Asociación de pacientes con síndrome Idic15, impartiendo conferencias y cursos de divulgación, así como comunicaciones a congresos científicos y publicaciones en revistas especializadas.

Patricia Ferrús Manzano. Graduada en Biotecnología por la Universidad Católica de Valencia (2022) y cursado el Máster en "Aproximaciones Moleculares en Ciencias de la Salud" en la Universidad de Valencia (2023). Su Trabajo Fin de Máster (realizado en el Departamento de Bioquímica y Biología Molecular de la Facultad de Medicina de la Universidad de Valencia bajo la dirección de la Dra. Eulalia Alonso) consistió en el estudio de ciertos aspectos metabólicos del Síndrome Idic-15 (una enfermedad rara del neurodesarrollo). Actualmente se encuentra profundizando en la misma temática durante la realización de su Tesis Doctoral enmarcada en la línea de investigación sobre "Fisiopatología de las enfermedades raras".

Eman Mhanna. Doctora en Filología Hispánica por la Universidad de Almería. Se graduó en Filología Hispánica por esa misma universidad en 2016 y, en 2017, obtuvo el título de Máster Universitario en Traducción Profesional (especialidad Árabe-Español) por la Universidad de Granada. Actualmente, es profesora en el Departamento de Lengua Española, Lingüística y Teoría de la Literatura de la Universidad de Sevilla y profesora externa en el Máster en Comunicación Social, de la Universidad de Almería. Forma parte del grupo de investigación ECCO (Estudios Críticos sobre la Comunicación) y sus líneas de investigación preferentes son las relacionadas con discurso y migraciones (especialmente sobre la figura del refugiado y las nociones de 'frontera' e 'identidad') y discurso y salud. Asimismo, es secretaria de la revista Oralia. Análisis del discurso oral.

Carmen Martos, doctora en Medicina y Cirugía, especialista en Medicina Preventiva y Salud Pública, Máster en Metodología de la Investigación en Ciencias de la Salud, es la coordinadora del Área de Investigación de Enfermedades Raras de la Fundación para el Fomento de la Investigación Sanitaria y Biomédica de la Comunitat Valenciana (Fisabio). Además, es miembro del Comité científico de Orphanet y durante 9 años ha trabajado como Project Officer – Scientific Research en el Joint Research Centre en Ispra (Italy) de la Comisión Europea. Co-autora de más de 100 publicaciones y de más de 300 comunicaciones presentadas en conferencias y reuniones científicas internacionales y nacionales. Ha sido investigadora principal y colaboradora en varios proyectos de investigación internacionales, nacionales y regionales en el ámbito de las enfermedades raras, tumores infantiles, cánceres raros y anomalías congénita.

Lucía Páramo Rodríguez. Socióloga. Doctora en ciencias sociales mención Cum Laude. Especialista con máster en Estudios de Género y Políticas de Igualdad y Máster en Enfermedades Raras por la Universitat de València. Sus investigaciones se enfocan en las enfermedades raras, anomalías congénitas, la salud pública, las desigualdades de género y los factores de desigualdad social. Su trayectoria investigadora está vinculada a Enfermedades Raras, Salud Pública y desarrollo de estudios socio epidemiológicos. Especialista en metodología y técnicas de investigación cualitativa.

Sebastián Sánchez-Castillo. Doctor en Comunicación Audiovisual. Profesor Titular en el departamento de Teoría de los Lenguajes y Ciencias de la Comunicación (UV). Entre sus líneas de investigación destaca el estudio de los discursos sociales y los flujos de información de la discapacidad y especialmente de las Enfermedades Raras. Es Investigador Principal del Proyecto de I+D "Identificación de las necesidades sociosanitarias de pacientes con enfermedades raras: procesamiento del flujo comunicativo en redes sociales" (CIAICO/2022/188). Ha publicado más de 130 publicaciones en revistas nacionales e internacionales, de las que 32 artículos están indexados el Q1 del JCR y SJR. Director del Grupo de Investigación "Enfermedades Raras y Comunicación - RED_ER" (UV). Ha realizado estancias de investigación en University of Kent (UK); Glasgow Caledonian University (Scotland, UK); Universidad Austral (Buenos Aires, Argentina); Universidad del Maule (Talca, Chile), entre otras.

Josep Solves Almela. Doctor en Ciencias de la Comunicación por la UAB, 1999. Es Profesor Adjunto del Departamento de Comunicación e Información Periodística de la Universidad CEU Cardenal Herrera, donde Imparte asignaturas como Teoría y Sociología de la Comunicación, Introducción a la Sociología o Sociología Política. Su labor investigadora se ha centrado en el estudio de la comunicación y la discapacidad, los Juegos Paralímpicos, las llamadas enfermedades raras o las migraciones y el refugio. Sus investigaciones se han publicado en revistas como Journalism, Communication & Sport o Studies in European Cinema. Ha sido co-coordinador de volúmenes como Discurso lingüístico y migraciones (Arcolibros, 2021) y Nuevos retos de la discapacidad y la comunicación en la sociedad del conocimiento (Tirant lo Blanch, 2022). Formó parte del equipo de investigación del Observatorio de Enfermedades Raras (OBSER) de FEDER desde 2013 y fue su director entre 2015 y 2016. Actualmente es el director del Instituto CEU ODISEAS de Observación de la Discapacidad y la Enfermedad para la Accesibilidad Social

Victoria Tur-Viñes. Catedrática del Departamento de Comunicación y Psicología Social de la Universidad de Alicante, donde es docente. Licenciada en Psicología y Doctora en Sociología. Ex Senior Advertising Producer en Publiespaña. Tiene reconocidos 4 sexenios. Sus líneas de investigación son: comunicación e infancia; comunicación científica e innovación de la creatividad publicitaria. Ha sido IP del proyecto I+D del Plan Nacional (SEJ200401830) y 3 autonómicos y ha participado en más de 10 proyectos I+D nacionales y 1 europeo. Steering Group de UNICEF e Ipsos MORI (UNICEF-37B). Socia fundadora de la Asociación Española de Investigación de la Comunicación. Vicepresidenta de Kids&Com. Fundadora de la Plataforma de Revistas de Comunicación. Miembro del Observatorio Iberoamericano de Revistas Científicas de Comunicación. Editora Revista Mediterránea de Comunicación . Miembro Honorífico RELAIP. XIV Premio Hermes (2017) por trayectoria docente e investigadora en defensa de la comunicación responsable. Estancias: U. du Québec a Chicoutimi (Canadá) y Glasgow Caledonian U. Evaluadora de Horizon2020, ANEP, AGAUR, ANECA, UNIBASQ, ACCUA y Comité económico y social de la Comunidad Valenciana, entre otros.

Eulalia.Alonso@uv.es, victoria.tur@gcloud.ua.es, Pilar.Codoner@uv.es, amhernan@ual.es, tomasbaviera@gmail.com, mibafer2009@hotmail.es, lucia.paramo@fisabio.es, clara.cavero@fisabio.es, emm867@ual.es, carmen.martos@fisabio.es, jsolves@uchceu.es, sebastian.sanchez@uv.es